노랑말로 말한다

노랑말로 말한다

2011년 8월 25일 1판 1쇄 찍음
2011년 9월 1일 1판 1쇄 펴냄

지은이 _ 천태산은행나무를사랑하는사람들
펴낸이 _ 양동문
펴낸곳 _ 詩와에세이

신고번호 _ 제319-2005-000014호
주소 _ (120-865) 서울시 서대문구 북아현동 1-495 세방그랜빌 2층
대표전화 _ (02)324-7653, 070-8877-7653
팩시밀리 _ 0505-116-7653
휴대전화 _ 010-5355-7565
전자우편 _ sie2005@naver.com
공 급 처 _ 한국출판협동조합
주문전화 _ (070)7119-1741~2
팩시밀리 _ (031)944-8234~6

ISBN 978-89-92470-62-9 03810

노랑말로 말한다

천태산은행나무를사랑하는사람들

詩와에세이
2011

차례

가시여뀌 사랑법

강경보

솜털같이 촘촘한 가시들이 사실은 꽃이었다네
꽃같이 붉은 횃불머리가 사실은 열매였다네
숲 해설사 선생님 이 대목에서 갑자기 톤이 높아지네
저, 생의 오묘함을 설명하려는 해설사의 기묘한 자세 바꿈
꿀벌이나 나비가 찾지 못할 아주 작은 가시꽃을 달고
한숨 푹푹 내쉬었을 가시여뀌 상상을 해보라 하네
좁쌀만한 횃불머리 열매에 공갈 꽃화장을 하고
촌 먼지 길 나서는 발 없는 여인을 보라 하네
온 힘으로 온 힘으로 버티고 서 있는 지구 한 귀퉁이
돋보기로 봐야만 보이는 가시꽃들을 보다가
숲 해설사 선생님 문득 말문을 닫네
아득함이 숲 사이 햇살로 떨어져 잠깐 그의 안경을 스쳐가는데
아마 앳되고 어린 시절 그가 보낸 추파가
아직 소식조차 없다는 것이 생각났던 게지

무관심한 척

강경호

마당에 썩은 생선냄새 같은
똥 퍼질러 놓은 못된 고양이
새끼들까지 끌고 와
죽은 쥐새끼 물어다 놓은
눈빛 매서운 검은 암코양이
달빛 아래 처마 끝에 앉아
그림자 길게 내 마음을 덮치더니

한두 해 지나는 동안
밀고 당기던
고양이와 나 사이의 팽팽한 줄 느슨해져
서로를 쳐다보다 외면하는데
오늘은 발자국 죽이며 가다가 뒤돌아보다
눈빛, 서로에게 들켰지만
암코양이는 계단 오르는 척
나는 봄볕의 새싹 들여다보는 척

절벽으로 지어진 집

강미정

하루는 친 모래를 이고 가파른 절벽을 올랐다 또 하루는 붉은 벽돌을 이고 가파른 절벽을 올랐다 숨이 헐떡헐떡 심장에서 다 쏟기고 나면 꿈이었다 축축한 땀을 닦으며 매일 가파른 절벽을 오르는

나의 집은 당신이었다 수만 갈래로 찢어지는 바람이었다 바람의 물살이 흔드는 초록 나뭇잎이었다 푸른 파도였다 일렁이는 그늘이었다 그 그늘 속에 길을 낸 협곡이었다 깊은 숨결이었다 가장 많이 흔들리는 가파른 마음이었다 펄럭펄럭 돋는

보이지 않는 마음의 내벽에 걸리는 붉은 아픔이었다 헐떡헐떡 저녁 공기를 털며 무작정 내 그늘에 앉아 붉은 심장 한 벌 축축하게 걸어두고 내려가는 당신이었다

나는 소망한다

강상기

나는 나무가 아니라
산이 되고 싶다
나무를 자라게 하는

나는 물고기가 아니라
바다가 되고 싶다
물고기가 자유롭게 놀 수 있는

나는 해와 달이 아니라
하늘이 되고 싶다
해와 달을 빛나게 하는

황금부채

강서완

온몸 살을 포 뜬 수천 개
부채로 저를 말리고 있는 은행나무
제 몸 구석구석 저렇듯 온몸으로
나를 돌아본 적 있었을까
한때 서슬 푸른 부채질로 햇빛을 잘라 먹고
별도 달도 먹어치운 저력,
고단한 껍질에 배인 역한 징후들은
열매 속 태아들의 농성일 것이다
제 아이보다 더 맑은 거울이 있을까!
여름 그늘을 돌아보며
비에 씻고 햇살과 바람에 잘 말린
한 잎 한 잎의 저 궤적,
한 점 한 점의 별빛과 달빛을
남김없이 되돌리는 그
어버이 마음이 황금빛이었구나

소나무

강신용

큰 울림으로 박힌

평생

푸른
별
하나

병산 수묵화

강영은

어둠이 북을 친다 병산이 수묵화로 펼쳐진다 먹물 몇 점 떨구며 날아가는 새 한 마리, 풍경 속으로 사라진다

만대루 너머 가느다란 달빛, 먼 데 바다를 풀어 놓는지 강물을 파묵(破墨) 치는 필선이 우련하다 흐르는 것들은 경계가 없다 담담하다

비워냄으로써 완성되는 수묵 깊이에서 마음만 저 홀로 붉은 낙관을 찍는 것일까

화폭 밖으로 걸어 나간 사람은 보이지 않는데 밑그림도 없고 되물릴 수순도 없는 첩첩 산, 겹겹 물,

한지 밖 그대와 내가 만나는 경계는 골 깊은 먹빛, 굵은 일획으로도 메울 수 없는 몰골법이다

부처님 몰래, 천 년 동안

강태규

은행나무 열매와 그늘을 감히 헤아려 보자

천 년 동안, 영국사 불당의 독경소리에 삼천구백사십이만 번의 절을 했을 터이고 혹은, 부처님 곤히 주무시는 동안, 검은등뻐꾸기가 천이백 번 다녀갔을 것이고 굴뚝새는 삼천 번, 큰유리새는 이천오백 번, 흰배지빠귀는 사천 번, 칼새도 여러 천 번, 바위종다리도 수천 번 다녀갔다

그러는 사이, 또 부처님도 모르게 몇 만 초롱의 노랑물감을 만들어 무량지천(無量之泉)으로 흘려 후투티의 가슴에 닿고 쇠기러기의 부리며 다리며 황오리의 깃털이며 고니의 부리까지 노랗게 깃들였다는 것이, 바보 임금님의 만장에 닿았던 것이, 빈센트 반 고흐의 해바라기에 닿았던 것이, 이토록 우리의 기억에까지 노랗게 닿아, 지금처럼 더 어두워지는 세상 보듬어 몰래 더 흘리는 노랑으로 몰래 더 밝히는 저 은행나무를 보아라 천 년하고도 한번 더 모른 척, 눈 감고 계신 부처님을 희롱하고 있는 병아리 같은 나를 보아라

탁본

고경숙

사랑에 눈먼 그가
돌아서서 나를 기다리네

인기척 없이 뒤로 다가가 꽉 안으면
탕탕 솜방망이로 심장을 두드리며
그의 등에 탁본되는 나,

심장과 심장
입술과 입술이
이념보다 더 붉게 각인되어

지체된 사랑에 빠진 내가
삶의 제재가 되어버린
그의 시선과 음성을 해독하느라
절반의 몸이
먹물로 흘러내려도 좋으리

내 몸에 꼭 맞는
내 맘에 꼭 맞는

내가 만일

고봉국

내가 만일 수돗물이라면
눈물로 흘린 눈물을 받아서
수돗물이 아닌 눈물로 여태
씻는 거라며 말하고 싶다
내가 만일 새라면
훨훨 날아서
신에게 달려가겠다
제발 자유롭게 날 수 있는
법을 가르쳐 달라며
말하고 싶다
내가 만일
고통이라면 모든 사람들한테
고통이 없이 쭉~ 누릴 수 있는
무 고통을 주겠다
하지만 중요한 것은
내가 만일 만일이
될 수 없다는 것이다

은행나무

고안나

키 재기 하듯 뒤꿈치 높이 든 하늘
까치 한 마리 깍깍 소리 지르다
푸드득푸드득 날개 흔들 뿐
나무는 우두커니 제 그림자 흔들고 섰다
탱실탱실 부풀어 오른 열매
밤새도록 톱질해대던 흥부네
마당 가득 쏟아놓은 금화 한 무더기
몸 포갠 부채꼴 전각무늬들
이리 데굴 저리 데굴
몸 비틀 때마다
비단 금침 끌어당기는 흙바닥
홀연히 내려다보고 서 있는 나무
삼매경에 들었다

거웃

고영민

산 밑 언저리가 검게 그을려 있다
밭둑에 잠깐 풀어놓은 불이
산으로 도망치려 했던
흔적이다

밭주인은 생솔가지를 꺾어 불을 얼마나 두들겨 팼을까
벌떡이던 심장,
꼬리 끝까지 참 말끔하게도 죽였다

누가 목줄을 당기던 바람을 보았다 했나
타다만 발자국이
아직
마른 숲 쪽을 향해있다

포구가 그을리다

고은산

계절의 뼈 사이를 지나는, 은빛 재갈을 한 바람은
신음소리 짙어지는 시냇가 여울목에서 휜다
물길 따라 이어지는 뱀길의 모습은
저녁놀이 채색된 뻐드렁니 몇 개 박힌,
입을 바다 쪽으로 벌린 포구에서 죽는다
덧니 하나에 묶인 쪽배는
칙칙한 노을을 포식하고 있다
모래톱을 꽉 묶고 있는 치열(齒列)들
반듯한 수평선을 흔드는 파고의 깊이만큼
움직이는 어선들
가지런한 이 사이로 보이는
금이빨처럼 반짝이는 파도는
낮과 밤의 관절을 핥는다
저물어 가는 포구는
한 입 가득한, 눅눅한 저녁 향기를
금색 머플러로 쓰다듬는다
마지막 이브향으로 가득한
포구가 한 됫박의 피를 게워내고 있다
튼실한 덧니에 묶인 쪽배 위에 홍건해지는 순간,
수평선이 해를 삼킨다
입을 벌리고 있는 포구는 검게 그을린다

봄날 오후

고희림

마트에 가니 정육(正肉)들은 얼어 있다 봄날 오후였다 필리리
봄내 봄꽃 지고 있는데 정육(精肉)을 고른다 필리리
존재를 아는데 필요한 것을 주세요, 살아온 흙터를 주세요
어떻게 어떤 살육(殺肉)이었을지 알 수 없는 것은 싫어요
얼음강보의 살코기들은 표정이 없네요 봄날 오후였다

필리리 나는 한 봉지 살코기를 들고 꽃화살 오만상 맞으며 필리리 필리리 돌아가는 길
푸른 도장 멍 때린 얼음짐승을 흔들며 벌써 떨어진 봄꽃을 밟으며
불하(拂下) 불하 불하로 돌아가는 길

병산습지

공광규

달뿌리풀이 물별 뜬 강물을 향해
뿌리줄기로 열심히 기어가는 습지입니다
모래 위에 수달이 꼬리를 끌고 가면서
발자국을 꽃잎처럼 찍어 놓았네요
화선지에 매화를 친 수묵화 한 폭입니다
햇살이 정성껏 그림을 말리고 있는데
검은제비꼬리나비가 꽃나무 가지인 줄 알고 앉았다가는
실망했는지 이내 날아갑니다
가끔 소나기가 갯버들 잎을 밟고 와서는
모래 화선지를 말끔하게 깔아놓겠지요
그러면 수달네 식구들이 꼬리를 끌고 나와서
발자국 매화꽃잎을 다시 찍어놓을 것입니다
그런 밤에는 달도 빙긋이 웃겠지요
아마 달이 함박웃음을 터뜨리는 날은
보나마나 수달네 개구쟁이 아이들이
발자국 매화꽃잎 위에 똥을 싸 놓고서는
그걸 매화향이라고 우길 때일 것입니다

소금쟁이

구광렬

그를 만나기 전엔
그가 쟁이라는 것을 믿지 않았다
막연히 유전해오는 소금 부스러기를 이용해
마냥 물 위를 걷는 것이라 생각했다
하지만 그날, 피부보다 얇은 수면은 거울보다 단단했다
피보다 묽은 물의 단결력을 보여주려는 듯
밑을 받치고 있는 힘은 쉬 보이지 않는 법이라고
아편주사 바늘 같은 다리로 라스베이거스 마술사처럼
연신 수면을 찌르고 있었다
시퍼런 작두도 견뎌낼 것 같던 부드러운 물의 분자들,
소금기도 없는 그를 소금쟁이로 만들어버린 그 단단함으로
논두렁에서 깨금발로 검정 고무신 한 짝을 찾아 헤매던
내 물러빠진 두 다리를 사정없이 후려치었다

조팝꽃

권기만

간지러워 눈이 뒤집혔다
헤헤헤 날아든 벌과
종일 앵앵거리며 시비를 걸고 있다
팔 걷어붙이고 있다

보는 것만으로도 가렵다
소곤소곤 귓속이 반짝인다
손 잡아볼라치면
눈 동그랗게 뜨고 쳐다본다
어디 한번 만져보라
팔 늘어뜨리고 있다

잡을 수가 없다
미끌미끌 간지러운 송이 눈빛
잡을 수 있는 손이 없다

익을 대로 익은 간지러움 둥글게 끌어안고
익을 대로 익은 미끄러움 터질 듯 차려 입고

눈길

권덕하

생강나무 가지에 앉은 박새 한 마리

어쩌다 노란 꽃 보고 있습니다

검은 나무 등걸 사이로

물끄러미 바라보다 붉어지는 눈시울도

불혹의 가지 끝 딛고 멀리 피었는데

노란 튀밥 부스러기같이 마른 꽃잎에

자꾸 눈이 가는 어린 새,

남은 햇살 부리로 당겼다 놓으며 군입 다시는

생에 단 한번 저녁입니다

11월의 저녁식사

권선희

뱃공장 언덕 조광상회 검둥이 눈매 깊은 국
꾸무리한 먼 산 지느러미 조림
덕장 시누대 비늘 볶음
수평선 총총 오징어배 집어등 무침
제일 먼저 불 켠 제일교회 첨탑 위 벌건 십자가 구이

그러고도 빌어먹을, 그리움 한 잔

갱생(更生)

권순진

내 친구 K는 하산주 큰 사발 한 잔에 면허정지를 당했다
관음백일기도의 각오로 이를 악물었다
영판 딴사람 되어 대중적으로 살기로 작정한 것이다
젊은이들처럼 장난감 삼아 스마트폰으로 기종변경하려다가
에라 모르겠다 돋보기와 함께 책을 몇 권 샀다
시집도 한 권 끼어 있었다
용맹정진 80일째,
전에 느끼지 못했던 짜릿한 전율을 수시로 느꼈다
느끼는 자의 행복이란 이런 건가 싶었다
하늘을 자주 쳐다보았으며 몸을 스치는 바람도 살갑다
산에서는 초록이 더 선명하고 눈부시다
80일 전 속이 히뜩 다 뒤집어졌던 자신을
돌아보며 배시시 미소 지었다
그동안 내다버린 이산화탄소를 생각하면
저 흰 구름에게도 미안한 생각이 든다
감면교육을 받으러 가지도 않았다
아예 면허를 반납했어도 나쁘지 않을 뻔 했다
스스로 생각해도 교화는 제대로 되어가는 듯싶었다

헐렁해지다

권은주

거울이 자꾸 옷을 본다
오래된 팬티 고무줄처럼
탄성이 거의 없는
팔뚝이 헐렁해지고
허벅지가 헐렁해지고
앉아서 오래 수다 떨던 엉덩이가 늘어져 있다
아무리 끌어 올려도 흘러내린다
옷의 일생이란 누군가를 품는 일이었다
너란 사람을 벗어 놓을 때마다
악착같이 다시 돌아오던 탄성은
소유하지 못할 무엇을 품으려 하기보다
놓는 것이 편하다는 것을 알기 시작한 것이다
모양을 다잡아보고
관리를 해보기도 하고
그러나 한번 헐렁해진 옷
탄성을 되돌릴 방법은 없다
이제 화려한 꽃무늬 반짝이를 덧입혀 놓아야 생기가 돌고
단춧구멍까지 헐렁해져서 쉽게 작은 것에도 서운한 마음이 드러나는데

헤어질 하나의 옷에 집착한 꼴이다

다만 위안이 되는 건
당신에 대한 나의 상처도 헐렁해지는 것

썩은 사과 고르기

권행은

환자가 영양제 놔달라고 하면
소고기 넣고 무국 푹 끓여 드시라 하는 의사와 함께 사는데,
그래서 나는 콩나물값이며 과일값을 깎고 사는데,
우리 아들은 자존심이 깎인다고 속상해하는데,
어차피 나는 상한 사과 바구니에 눈길이 가는 것이다

흠 많은 과일들은 싸고 양도 많지만
상한 부분을 도려낼 때
화들짝 환해지는 상처의 속살
그 맑은 민낯에 정이 가는 것이다
때를 넘긴 과일은 흠도 많지만
하나씩 들춰내 코를 갖다대면
흠집 속에서 내 살 냄새가 나는 것이다

어디 먼 곳, 지구 밖 어딘가에서
누군가 나를 들추고 있어
상한 사과 광주리에 들어 있는 나를, 흘끔
내가 보는 것이다

가을의 전설

권현수

은행나무 분재 하나
타원형 화분 속에 둥지 틀었다
잘려나간 생살의 상처를 머리에 이고
옹색한 터전에 의연히 뿌리를 내렸다
마셔도 마셔도 가시지 않는 목마름 속에
굳건히 가지를 키우고
줄이고 또 줄이는 아픔 속에 싹을 틔웠다
고작 두 손가락 굵기의 둥치 속에
기인 가로수 길 끝의 가을 한 움큼
한 뼘 남짓한 키 속에는
천태산 영국사 문전 수백 년 묵은 향훈까지
알뜰히 모아 품었다

나는 두 손으로 거뜬히 화분을 받아든다
갓 태어난 연한 잎들이 눈웃음으로 반긴다
가을이 이미 두 손 안에 가득하다

인디언 바람

권현형

빨랫줄에 걸린 청바지 자락이 펄럭였다 입으로
읊조리듯 먼 곳에서 유목의 바람이 불어왔다
결별이라면 깨끗한 결별, 연애라면 달콤한 연애

의자에 앉아 있지 않고 바닥에 퍼질러 앉는 바람
바람에 갇히지 않는 바람, 잡아보고 싶었던 따뜻한
손을 그냥 제 자리에 식지 않게 두고 약탈하지 말고 두고

배롱나무 한 그루 배롱나무 두 그루 세지 말고 두고
양 한 마리 양 두 마리 세지 말고 두고
사라질 자리, 패배할 자리를 찾아 바람이
소나무 사이로 금간 늑골 사이로 불어왔다

마시고 있던 커피 잔을 풀밭에 집어 던지고
애무하던 귀를 풀밭에 가만히 내려놓고
아픈 자의 이마에, 어둠이 아직 남아 있는 이마에

새벽이 어떻게 새롭게 오는지 경계가 어떻게
검은 얼룩과 푸른 얼룩을 나눠 갖는지를 지켜보았다
인디언 바람이 불어와서 펄럭이는 손수건만큼의 욕망을 접었다

은행나무 부부

김경윤

두륜산 진불암 들머리에는
은행나무 두 그루 다정하게 살지요
백 년을 하루같이 살아온 은행나무 부부는
사랑한다는 말 한마디 없어도
바람결에 서로의 마른 몸을 어루만져주지요
이따금 암자의 찻물 데우는 연기에도
지그시 눈을 감고 잔가지 파르르
묵언의 대화를 나누지요
화사한 꽃도 달콤한 열매도 없이
시간의 주름살만 늘어가는 가을이면
늙은 은행나무 부부는
제 생을 빛내던 수천의 황금 동전닢들
가난한 흙 속의 벌레들에게 죄 나눠주고
풍장(風葬)의 주검처럼 앙상한 몸으로 서서
한 줌 햇살에도 아미타불처럼 환하게 웃지요

그늘

김경일

내 삶의 한낮에
고마운 나무그늘이다

그 팽나무 팽나무
아이들과 아내처럼
늘어서서
환한 햇빛
가려준다

늘어지게 한숨
자고 싶다

꽃을 기다리며

김경진

누군가는 버린 행운목 데려다
꽃을 피웠다고 하는데

우리집 베란다의 행운목은
꽃피울 생각이 없는지
잎만 무성하다

꽃을 피운다는 것은
제 마음을 보여주는 것
대나무도 일생에 단 한번
꽃을 피우고 쓰러지는데

천 리를 간다는 행운목 꽃향기
그리운 이들에게
내 마음의 향기 전하고 싶은데
우리집 행운목,
갈수록 잎만 무성하네

풀잎 연가

김경호

군데군데 떨어져 피어나
떨어져 있어도
마음만은 다져먹고
어지러운 하늘 속
가라앉지 못하는 먼지바람 하나도
버리지 마
밀리고 흩어진 벌판 위에
잠들지 않고 내리면서
굽은 등 펴고 눕게 하는 비,
비 맞아도 젖지는 마
굽히고 잠들게 하는 어둠도
그리운 그대 이름도
이젠 따뜻한 아픔인 것을
군데군데 떨어져 피어나
떨어져 있어도 결코 쓸쓸하게
지워지지는 마

곰국 끓이는 저녁

김광련

세상에 제일 보기 좋은 건, 마른 논에 물 들어가는 거 하고 새끼 입에 밥 들어가는 거…… 시아버지 한마디 하자, 시어머니 먹다 말고 사래 걸린다. 에라, 미운 놈 떡 하나 더 준다. 입안에 맴도는 서운함 걷어내고, 뼛속에서 우러난 앙금도 걷어내고, 가까이 사는 아랫동서네, 시누이네, 한 냄비씩 갖다 주었다. 시누이 볼우물에 함박꽃이 핀다.

얘야, 곰국이 시원하고 구수하네! 술술 잘 넘어간다. 육신 공양을 끝낸 소 식탁에 올라앉는다.

달그락 달그락 혀를 놀린다

시인

김금란

나는 그대를 그립니다
이 가슴에
오월의 신록처럼
푸르른 잎새가
텅 빈 이 가슴에
살며시 스며들기를

시인의 가슴 되어
마음 깊은 곳에 묻어 두었던
얼굴 없는 바람소리로
속삭이고 싶습니다

유혹
—천태산 은행나무

김금용

봄밤이면
잠 못 이루고 짐승 울음 운다는
영국사 은행나무
인적 끊긴 한겨울 천태산 깊숙이
어찌 지내시는가 찾아갔더니
천삼백 년 한자리에 서서
묵혀서 단내 나는 살비듬을
툭 툭 눈발로 떨어뜨리며
일만 삼천 개 팔 뻗쳐
수작을 건다

눈길에 미끄러진 척
발밑에 누워 볼까나

냉잇국

김금희

백화점 가는 길에 북창 순두부집
서빙하는 아주머니
미소가 좋아 자주 들른다

밥맛 하나
아주머니 미소 한 술
이보다 더 좋은
봄 식단이 어디 있단 말인가

북창 순두부집
미소 아주머니

공룡발자국
—은행나무 아래서

김기화

화석들이 꿈틀거리고 있어, 가만 귀 기울여봐
천지를 깨우는 저 발걸음소리 들리지?
군무를 추듯 밀려오는 저 시퍼런 군홧발소리
중생대 공룡들의 긴 보행렬은 침잠한 게 아니었어
백악기의 퇴적층이 공룡알을 품고 있었던 거야
바람이 할퀴고 간 잔흔의 구릉소리를 들어봐
숭엄한 열병의식을 끝낸 그들은 나무화석이 되었나 봐
하늘을 지배했던 익룡들이 뛰어놀고 있어
사정거리에 든 능선에서 공룡들이 부활을 했나 봐
방금 구워낸 화석들이 화기를 식히고 있어
쿵쿵땅땅 허한 숲 속은 푸른 부채질을 하고 있어

천태산은 지금 산후조리 중

김남희

천태산 올라가는 오솔길
재잘재잘 산새들 동무 삼아
가파른 길 가다보면
거기, 무명치마 질끈 동여매고
맨발에 짚신 신은 삼신할매 만난다

미끈한 옥동자 하나 얻으려고
목마른 사람들
산골짝 달구는 고통

갈고 닦아
더러는 가지 끝에
내 이름 석 자 낙관 찍어
깃발처럼 펄럭일 수 있다면

가슴 문질러
새빨갛게 묻어날 혈흔
말갛게 씻어줄
시어 하나 낳아
영국사 은행나무로 우뚝 서서
한 백 년쯤 더 살고 싶은 욕심

지금 수행 중이다

은행의 비밀

김다솜

겨울 꽃 여름을
잘 보낸 가을은

닭백숙이며 돌솥밥
폐백차림으로 또는 징코민
노화방지 건망증 황산화작용…

백지수표 낙엽도 많지만 그는
고급요리이자 건강식품, 내가 하루
몇 알 먹었는지,
천태산 은행나무에게
찾아가서 고백할까
하지말까

무인카페

김대봉

한낮에 도두동 먹거리가 철썩거리며 나를 찾네
자판기 커피만을 생각하다 탁자가 있는 찻집을 보고
구름 속으로 돌아가고 만 댕그런 햇살
간직한 차일을 거두고 나면
공중이 어딘지 몰라, 너는 알아
내 귀가 화알짝 벌렁하네
어디선가 파도를 먹은 두더지
구들장과 천장을 맴도는 그런 카페에서
어머니의 삶을 운구할 허방을 찾고 있네
두 잔 같은 한 잔의 차가 물고기 비늘처럼 흐물거리네
탁자 위 무크지(mook誌), 등자죽이 축축하게 오르고
해안도로 고불고불 사랑초가 무럭무럭 자라네
드나드는 경고등에 실려온 가을의 행간에
구름을 넣을 수 있는 자간이 있는 걸까
욕창을 사위하는 식탐에게 장침을 쑤셔 보지만, 쓰읍
구름이 한잠 자는 사이 나는 차디차게 휘어지네
꽁무니부터 잘려 나가는 찻잔 속 자연산 건덕지
갈매기 울음이 목 좋은 길목의 호래자식처럼 울려 퍼지고
밀물이 달아나기 전, 한 잔의 시간은 모금모금 나가네
벗집에서 반숙되어 튕겨져 나가는 통통배 가로막 부위로
새참 같은 내 오래된 가요가 흘러나오고

마차부자리

김리영

지난겨울 어머니의 바퀴 달린 침대를
병원복도 끝까지 밀어 드렸습니다
제임스 겔웨이가 부는 은빛 플룻소리 들으면
하얀 레이스 망토를 두른 천사들 날아와
그 수레 끌어주는 것이 보입니다
수술실 간유리문 밖을 서성이다
햇빛 따뜻한 거리로 나와
맑은 야채 스프 한 그릇을 다 비운 아침
누군가 깨끗이 비질해 놓고 간 조그만 놀이터에
비둘기떼들이 놀고 있습니다
마차부자리 돋는 날 밤이면
그날 그렇게 헤어진 어머니의 침상이
별빛 가까이 혹은 아주 멀리 흐릅니다

시치미

김 명

천년고찰 영국사 은행나무는 방귀를 뿡뿡 뀌어

무성한 잎사귀가 노래졌다는데

노란 이불 아래 개구쟁이 막내 겨우 잠든 나들이길

아내와 난 아무 짓도 하지 않았는데

소쩍새는 왜 울고 지랄이야

은행나무 등불

김명리

은행나무 속에 등을 매달아 놓았나

천태산 은행잎들 샛노랗게 물들어
가을저녁을 불 밝히고 섰다

여기가 거기쯤이지? …음…그래
그 위로 은행잎들은 분분히 떨어진다

마주 바라보는 어느 새인가
붉디붉은 저녁노을이 오고
서리의 시간이 바삐바삐 쟁여지고

암나무, 수나무의 후끈한 발목이
어딘가 어딘가로 떠내려간다

이 텅 빈 여기가
우리 사랑의 무게중심이었니?

세상의 연인이란 연인들 죄다 불려와
불 켠 은행나무 샛노란 속으로 타들어간다

다시는, 그때 그 자리

김명은

샛노란 노을이 산을 뒤덮고 있다
능선을 감고 돌아가는 산자락
등뼈를 곧추세워 천 년의 은행나무를 쳐다본다

겨울새가 돌아오기 전이었다
열매들이 쏟아져 내려 은행잎 속에 파묻히던 때

부드러운 카페의 조명 밑에
어둠이 들어 있는 두 잔의 블랙러시안과 은행알이 담긴 접시와
당신과 내가 놓여 있었다

당신의 말에서는 은행냄새가 나기 시작했고
우리, 군더더기 없이 헤어지자
나를 빠져나오려고 안간힘을 쓰는 당신이

무수히 밟혔다 세상이 노랬다

나의 침묵을 듣고 있던 나무의 침묵이
잎이 없는 나의 기억을 관통하고 있었다

고생대부터 빙하기를 거쳐
지금을 견디고 있는 나무의 거대한 관절
거기에서 나의 통증으로 흘러들던 천 년의 울음소리

벤치에 단정히 쌓여
기억을 넘기는 은행잎의 손끝이 가지런하다

사월징후

김명철

새벽녘 산빛이 예사롭지 않다 지나치게 고요하다
며칠 전 산문(山門)을 심란하게 흔들던 비바람과 함께 용호상박의 소리가 지천을 울렸었다 그때 산이 몇 차례 울먹이기는 했지만

어린 학생의 처참한 시신이 발견되었다고

야윈 산의 눈자위에 저렇게까지 힘이 들어갈 수는 없다 핏발이 섰는데 도대체 움직임이 없다 다가갈수록

산새 한 마리 보여주지도 않고 도망친 청설모가 먹다 남긴 썩은 밤톨을 발치에 거두어들이지도 않는다
나의 눈을 정면으로 응시하다가 시큰둥하게 돌아서던 산고양이의 뒷모습도 보여주지 않는다 어린 은행잎이 깡마른다

산빛이 곤두서기 시작하고
핏발이 터질 태세다 온 산에 핏물이 홍건하게 피어날 태세다

첫눈

김미경

고개를 들면
이마에
볼에,
입술에
철없이 와 닿는
와 닿으며
괜스레 눈물부터 흘리다
품으면 사라지는
고개를 숙이면
눈멀고
귀멀어
허공중에 흩날리다
내 시린 발등 위, 알몸으로 쌓여오는
그대,

어리석다

김민호

바람결이 고운 처서 무렵
무덤가 저쪽 묵정밭
잡초만 무성하던 땅 위로
감탄사가 톡톡 튀어 오르고 있었다
성묘 온 가족들이
자주색 줄기를 걷어 올리면
고구마를 들춰내는 아이들 환호성이
가을 하늘에 총총 박혀 들었다
땅은 보조개를 연신 빵끗댔고
세상에 나온 고구마는 선홍빛 얼굴을 붉혔다

지난봄 한식 때
산소를 찾은 가족들이
장난 삼아 꽂아 둔 고구마 줄기를
땅이 품어 고구마를 키워낸 것이다
땅강아지처럼 평생 흙만 일군 어머니
땅이 어리석다고 한마디 내뱉었다
그때
어머니 몸에 뿌리를 내리고
쇠비름처럼 쑥쑥 자란 나도
가을 하늘 아래 물끄러미 서 있었다

낙엽이 떨어져 뿌리로 돌아가는 시간

김백겸

천태산 은행나무이파리가 무성한 나무뿌리에 우리는 앉았습니다
그 옛날 우리는 연인이었고 키스를 했습니다
그 옛날 우리는 죽은 사람들
죽은 사람들끼리의 연애를 아무도 개의치 않는 것처럼
그 옛날 은행나무는 푸른 그늘을 조금도 움직이지 않았습니다
우리는 죽은 사람들이었기 때문에
키스는 어떤 사건이나 이야기의 불꽃이 되지 못했습니다
그녀는 LA에
나는 대전에서 죽은 줄 모르는 영혼처럼 살고 있습니다
누에고치 속의 벌레처럼 무덤의 시간을 파먹으면서
우리는 산 사람들을 질투하는 꿈을 몽당귀신처럼 꾸었지만

가을, 천태산 영국사 은행나무 아래서

김범관

떡갈나무 잎들이
황금비처럼 내리는 가을날
배고픈 영혼이 허기진 육신을 달래고 있다

굼벵이처럼 느린 꼬부랑 작대기 끌고
꼬부랑 할머니가 먹던 국수를 기억한다
힘겹게 하늘 향해 휘젓던 나무젓가락
지난세월의 허기가 소름 돋듯
한꺼번에 밀려왔다

일천이백 볼트의 전류에
감전이 되었다, 떨어진 캄캄함이다
그러나 은행알은 여물고 있었다
가을, 천태산
영국사 은행나무 아래서
은행알을 줍고 있던
당신의 눈빛은
천태산 밤하늘 별빛보다 더,
반짝이고 있었다

산책길

김복태

속울음이 고인 탓이라 했다
침묵 속에서 가만히 불러본 사람들이면 안다 어머니

잔바람이 잎을 밀고 당길 때마다 하얗게 튼 살, 기다림이라는 줄로
칭칭 동여매고 있었지요 늙은 자작나무

가슴 쪽으로는 흰 젖이, 배의 튼 살 아래로 도랑물처럼 흘러내린
휘인 관절들도 어렵사리 포개고 앉아 있었지요

느릅나무들은 길 양쪽으로 하늘을 덮고 한 떼의 까마귀들이
동무처럼, 이끼 낀 어머니 무릎 곁에 모여들었습니다
흰 쌀밥에 미역국을 드신 지 참 오래된
그림자에게도 먹이고 남을 흰 젖이 도는 몸으로

물레에 자아놓은 실처럼 바닥 쪽에 시간을 치렁치렁 늘어뜨린 채
콩당거리는 잎들은 어머니 목에 매어달린 보들보들한 응석 같았습니다

개암나무에서 툭 떨어지는 개암도 어머니! 하고 매어달리는
군데군데 긁힌 자국 위에 내 적막과 기다림의 휘장도
솔기 없이 꿰매어 놓고 돌아서니, 온전한 적멸궁 한 채

있으나마나 한 내 입과 귀는 앞서가는 바람의
솔기에 덧대어 동행하는 길입니다

홍시 연서

김봉용

가을볕이 토닥토닥 터지는 오후
내연산 숲길은 독경소리 그득하다
찰감이 반기는 보경사 초입
감나무 맵시에 취해
절 안으로 빠져들었다
팔색조 옷 갈아입고 윙크하는 그녀
얼굴이 화끈하게 달아오른다
속살 감춘 듯 드러낸
아내 닮은 홍시 하나
늦가을 발그레한 수줍음으로
당신이 보낸
달디단 엽서 한 통

벌새

김상미

누군가가 또 세상을 떠나나 보다
포르르 벌새가 날아간다
어깨를 움찔하며 애도하는 밤나무들을 보고서
그 새가 벌새라는 걸 알았다

벌새는 이승과 저승 사이를 날아다니는 유일한 새
육체를 버린 인간의 영혼을 저승으로 데려다주는 전령
새 중에서 가장 재빠르고 부지런한 새

세상 떠나기 전 엄마도 그랬고 언니도 그랬고 할머니도 그랬다
인간의 마음처럼 반짝반짝 일곱 색깔로 빛나는
아름다운 무지개 새를 보았다고

그 착한 벌새가 포르르 어딘가로 날아간다
한 사람의 예쁜 영혼이 혹 저승길 잃을까
바람개비처럼 빠르게 바람을 타고 있다

은행나무 촌장님

김석환

큰곰 작은곰 사자 전갈 목동이 손잡고
은하수 건너가는 발걸음소리
소란한 봄밤엔 온몸으로 사납게 울었다
한 줄기 소나기가 그치고 나면
은빛 다림줄을 끌고 유성 내려오는 산촌
하늘길이 너무 멀다고
잎마다 식은땀에 젖어 있었다
종갓집 된장독보다 깊은 어둠을 품고
홀로 지켜온 일천 년 권좌
먹이를 구하러 떠난 텃새들이나
머슴을 살다 대처로 나간 삼돌이
도박빚에 쫓겨 다시 돌아온다고
긴 팔 벌리고 서 있는 은행나무 촌장님
까막눈이요 절벽의 귀로
천 리 밖에 흐르는 구름을 헤아리며
한 치씩 넓혀 온 그늘
거친 껍질 속에 켜켜이 새겨 둔
해와 달의 밀어를 발설하듯
노랗게 타오르던 은행잎
지자 빈 까치집에 깃털이 흩날릴 뿐

상고대

김선미

고산
나뭇가지에

청명한
얼음 이슬

그대 붉은
새벽을 일으키고 있어라

선인의 뼛속에 스민 떨림 차고 뜨거워라

예삐

김선주

예삐는 더 이상 예삐가 아니다

사람의 집에 와서 사람처럼 행동하지만
결코 사람이 될 수 없다
한낱 장난감일 뿐

어미젖 먹고 어미 품에서 커야 하는데
사료 먹고 자꾸만 줄어 간다
커다란 눈에 물기 가득 머금고

한 알의 사료처럼 스러지는 몸뚱이를
땅에 맡기고 새처럼 가볍게
날아오르고 싶다

젖내 그윽한 어미 품으로
야생의 고향 숲으로
돌아가고 싶다

딱따구리 소리

김선태

딱따구리 소리가 딱따그르르
숲의 고요를 맑게 깨우는 것은
고요가 소리에게 환하게 길을
내어주기 때문이다 고요가 제 몸을
짜릿짜릿하게 빌려주기 때문이다.

딱따구리 소리가 또 한번 딱따그르르
숲 전체를 두루 울릴 수 있는 것은
숲의 나무와 이파리와 공기와 햇살
숲을 지나는 계곡의 물소리까지가 서로
딱, 하나가 되기 때문이다.

숲에 들어

김선화

함박눈 미사포를 쓴
나무에게 배웠네

하늘 향해 손 모아 기도하는 마음을

안으로 아픈 기억을
다스리고 있음을

사나운 비바람에 꺾이며 떨던 시간
인고를 새기던 기나긴 발자국이

옹이진
상처였음이
눈으로 만져지네

화장을 지우고 엉킨 마음 나도 비우니

하늘에 기대어 빚지며 살아온 나날

꽃망울 세우는 핏줄 아프도록 보이네

강 따라

김성배

강물은 흐른다

경호강 은어가 종알종알거리며
식탁에 오르자 입맛을 다시는 마누라와
꼬리를 자르며 용돈을 씹는 아들의 젓가락 사이로
딸은 몸통을 통째 찍는다
먼저 먹는 사람이 보약이라는 종알종알이
마지막 저승길 할머니처럼
노오란 화장을 마치고
꼿꼿이 선 채 입속의 그곳을 향해
살며시 눈을 놓는다 아버지,
강물에 젖은 이빨을 드러내며
종알종알 강 속으로 걸어간다

강물은 말없이 흐른다

물비늘 사이 언뜻 비치는
발가락 총총
종알종알이 몰려와 햇살을 뜯고 있다
두 손 모아 노을을 뜨던
아버지
구멍 난 호주머니 밑으로 흐르는 강물
식탁에 머무는 밥그릇을 밀어내고 있다

청사포(淸沙浦)

김소해

머언 길 다녀오신 파도소리도 소리지만
새벽이 높도록 내가 나를 그리워하여
갯마을 기슭으로 온다
간 맞추어 넉넉한 곳

붉어서 설레이는 동백꽃 환한 언덕
초록 은유 스며들어 꽃물 든 순이도 온다
깃들면 다독이는 포구
젖은 날개 말리는 새

멸치떼 파닥이는 통통배 아침이다
망설이던 출항의 꿈은 너도 이제 돛 올리고
내 삶의 비망록 한 장을
맑게 읽고 가는 파시(波市)

풍경(風磬)의 울음

김송포

흔들릴 때마다 울고 있다

떠나간 님을 기다리던 바람,
푸르른 잎새
다독이며 수절을 깊는다

햇살 가슴에 안고
강산에 실려
청운의 꿈 이루어 오리

낙엽 지면 방울새 오고
하얀 눈의 등에
명주 타고 날아 오리

숲의 껍질 벗는 소리
젖줄이 흐르는 산달
여인의 울음소리, 깊어만 간다

새

김연성

새들이 모두
흘러간 하늘 밑으로 저녁 해 떨어집니다
붉은 해, 꼴깍 넘어간
산등성이에서 어둠이 솟아오릅니다
서녘 끝, 노을이 피딱지처럼 사방으로 번질 때
새 둥지 속에
외로움이 눈알처럼 자라는 동안
날갯죽지 가만히 웅크리고 앉아 있는
가장 깊은 곳으로 작은 깃털 하나 나부시 내려앉습니다
밤이슬에 절인 지느러미는
빈 가슴을 열고 들어옵니다 무작정
상한 날개를 푸덕거립니다

은행 털고 싶은 날

김연종

은행 털러 가자
다급한 목소리로 친구가 전화했다
오죽 힘들었으면…
안 돼, 난 겁이 많아
그리고
아직 난 준비가 되지 않았어

은행 털러 가자
착 가라앉은 목소리로 아내가 전화했다
오죽 먹을 게 없었으면…
안 돼, 난 정말로 겁이 많아
그리고
난 옻을 너무 탄단 말야

노랗게 흐드러진 은행잎
정말 은행 털고 싶은 날이었다

밝은 얼굴

김영례

미소 짓는 얼굴을 보면
생기가 일고 마음이 편안해지듯
해바라기처럼 환한
미소 띤 얼굴이 되고 싶은데

바람만 불어도 중심을 잃고
햇살에만 꽃을 피우고
그늘에선 꽃을 피울 수 없는
달맞이꽃조차 닮을 수 없는
검은 꽃처럼
주위를 밝게 할 수 없느니

마음의 평안, 고요한 기쁨
그것이 얼굴의 표정근육을 부드럽게 하고
아름다운 미소를 만들어낸다니
밝은 얼굴은 평생 수행(修行)인가보다

기억

김영애

다림질을 하다
헛생각이 스치는
순간
기다렸다는 듯이 새겨진
붉은 자리를 들여다본다
그가 보낸 청첩장을 받아들고 나서야
속울음이 돋더라던
누군가의 옛 마음자리 닮은
화상의 물집
그대라는 진앙에서
언젠가 지나치듯
안부 물어 오더라는,
그런 오후에는
누구라도 타인에게
불 먹은 자리 하나
남길 수 있었다는 사실로
난잎 같은 일 획의
붉은 자리가
욱신거린다

나무에게 가다
—수목장(樹木葬)

김영주

가을쯤이면 좋겠네
가을도 다 갈 늦가을 무렵
나는 나무에게 가겠네

어머니 몸 빌려 한 잎 여린 이파리로 세상에 나와
바람이 불면 부는 대로
눈비 오면 오는 대로
흔들리며 살았네
젖어들며 살았네

듣는 소리 귀에 순하네
쥐었던 것 다 놓겠네
살아생전 동전 몇 닢으로 밖엔
선행을 베풀지 못한 용기 없는 손
줄 수 있는 것 다 떼어주고 가겠네
빈 몸으로 가겠네

오늘처럼 은행잎 주체 못하게 지는 날
열매 맺지 못하는 고목에
한 줌 재로 뿌려지면
나 그 몸 얻어 나무가 되겠네
푸른 잎을 틔우겠네

천태산 은행나무는 우람한 금융시장

김영찬

너의 나라에는 언제나 그렇게 비가 오니?
언제나 비가 내려 손금을 적시니?
열 손가락마다 빗방울 톡톡 듣는 네 작은 손은
하나하나 우산을 만드는구나!
커다란 우산 아래인 그 나무, 천태산 은행나무길로
천 리를 배회하다 지친
나는 생각했다
은행알 하나하나를 결실하기 위해서
천 개의 네 작은 손은
푸른 우산 하나를 받쳐 든 거라는 사실을

푸른 우산이 어느 가을날
순노랑 빛깔을 띠고 시야에 넓게 들어찼다
그날도 비가 왔지만
노랑 비에 머리칼 젖은 사람 아무도 없었지
은행잎들은 나비날개로 대지 위에 넉넉히 내려앉았고
푹신한 요 위에 은행알들은 맘 편히 뒹굴었지
잘 익은 그 열매가 말하는 것
나는 알았다
우람한 금융시장인 그 나무가
지폐에만 골몰하던 헌 지갑 속에 공짜로
황금빛 금화인 은행잎을 빗소리 섞어 가득가득
넣어주는 것을!

나뭇가지들

김예강

나뭇가지는 동굴이다
새들이
퐁 퐁
나무동굴로 빠진다
철거덕 새들의 현관문은 늘 잠잠하다
나무는 나무 아래 제 그늘을 키우고 새들도
키운다 새들의 대모다
지구의 허리라도 감을 듯 나뭇가지들
맞은편 가로수 머리부터 먼저 쓰다듬는다
공전하는 지구의 걸음이
나뭇가지가 살아가는
보폭이다
스스로도 자란다는 말처럼
나뭇가지가 느리게 핀다
나뭇가지의 거주지가
새들의 거주지다
새들이 돌아와 열매를 먹는
나뭇가지 아래 내 하얀 뼛가루
자라나겠다
아이들이 나뭇가지를 주워 달려오는
저녁이다

홀딱새

김옥경

옷을 벗는다
기억의 저편으로부터
입고 온 껍데기
껍데기를 벗고 나를 씻는 시간
자세히 들여다보니
질긴 목숨 속에 살고 있는
아흔아홉의 색깔들
울고 웃고 있는 색깔들
그것들을 벗는다
벗은 몸에 끼어 있는
한시절이 푸르다
푸르게 멍든 이끼,
그 틈새로
홀딱새가 울고 있다
홀 딱 벗 고!
홀 딱 벗 고!

물소리

김완하

간밤 물길이 내고 지운 소리들
모두 다 산속으로 가 있다
물소리는
물푸레나무 잎마다 둥지를 틀고
산뽕나무 줄기에
거미줄 치고 이슬을 걸었다

숲길 걷다 보면
물은 왜 흐르며 소리를 내는지
물은 왜 소리를 따라가는지
물소리 속으로 걸어가면
소리만 가고 길은 남아
나무와 풀의 잎맥이 되어 눕는다

내 발자국 위에 다시 길을 내며
어둠 속 물소리 따라 들어가면
물은 소리로 집을 짓고 마을을 감돈다

나무들이 합장하다
—금정산 중턱에서

김요아킴

지금
금정의 나무들은 하지정맥류를 앓고 있다

둥글게 생을 그리며 제 몸 일으켜 세우는 만큼
바들바들 떨며 안간힘을 쓰는
저 뿌리의 힘들.
뵤뵤하던 새떼들의 연한 고요가 사라지고
여전히 해는 그 자리에 시들어 버리자
어둠을 재촉하는 수많은 하산의 발걸음들, 유독
그 도드라진 실핏줄을 꼼짝없이 짓누른다
매캐하게 기어오르는 안개는, 슬며시
뱀처럼 달라붙어 하나 둘 살갗마저 조여 오는데
순간 갈가마귀 한 마리 날아오르고
기다렸다는 듯
굴삭기마냥 파헤치며 달려오는 네온불빛

금정의 나무는 더 이상 서질 못하고
정한수 금샘에 떠놓고 무병장수를 기도 중이다
모두 입술을 깨물며 합장 중이다

소요산에서

김용구

단풍나무 죽 늘어선 길 따라
가을 속으로 깊숙이 들어가면
서울 시내의 소란 저만치 뒤로 하고 온
경기도 동두천, 군부대 사격연습장의
총소리 간간이 들리는

가파른 산길까지 지고 온
아낙들의 세상살이 푸념도 엿들으며
칼날바위 지나 의상대 오르면
내 마음속 소요도 좀 잦아드는데

그렇게 한나절 숲 속에서 바람과 함께
말없이 소요하다
일주문 가는 길 단풍 참 곱던데

천태산 은행나무

김용길

나무를 봐
저 은행나무를 좀 봐

하늘이 만든 시(詩)야

하늘이 만든 계절과
하늘이 만든 빛깔과

저 푸르디푸른 음성
잎사귀마다 적힌 금빛 대장경,

천 년의 세월을 지켜온 천태산 은행나무가
우람한 몸짓으로

알알이 축복을 매달고 있거니
다리 웃음 그칠 날 없다

쇠비름

김용락

누나는 쇠비름 줄기를 눈에 끼워
통방울 눈 만들어 두 눈 부릅뜨고

어머니는 쇠비름을 통째 뜯어
된장과 끓이려 장독대 뒤로 가고

나는 하지 지나 왼종일 길어진
여름 해 넘어가는 서쪽 하늘 보며

그렇게 살아온 세월이 있었다
돼지풀이었다 잡초였다

나무

김용택

멀리 흐르는 강물을 바라보고 있었지
강가에 키 큰 미루나무 한 그루 서 있었지
봄이었어
나, 그 나무에 기대앉아 강물을 바라보고 있었지

강가에 키 큰 미루나무 한 그루 서 있었지
여름이었어
나, 그 나무 아래 누워 강물소리를 멀리 들었지

강가에 키 큰 미루나무 한 그루 서 있었지
가을이었어
나, 그 나무에 기대서서 멀리 흐르는 강물을 바라보고 있었지

강가에 키 큰 미루나무 한 그루 서 있었지
강물에 눈이 오고 있었어
강물은 깊어졌어
한없이 깊어졌어

강가에 키 큰 미루나무 한 그루 서 있었지 다시 봄이었어
나, 그 나무에 기대앉아 있었지
그냥,
있었어

영국사 은행나무

김우열

영국사
아래뜰의
천 년 노목 은행나무
이름만
뇌어 봐도
부자 같은 나무인데
장수도 누리었으니
나무 일생 상서롭다

대 이을
혈육 하나
휘묻이로 얻은 아들
불면
날까 걱정
쥐며는 꺼질세라
천 살에 얻은 늦둥이
품고 사는 궁지여!

은행나무

김윤숭

은행나무가 천 년을 묵으면
천 년 사는 신선과 다를 게 무어냐
은행나무가 아니라 은행신선이라 하리
이천 년 된 은행나무는 없으니
죽음을 초월한 존재는 못 되나
백 년 사는 인간보다 천 년을 더 사니 나무신선이라 하리
너희들 천 년 사는 신선 수행법 궁금하구나
무형문화재가 되는 인간처럼
천연기념물도 되고 국가급 거물도 되고

조용히 절지킴이로 합장하고 있구나
고승의 법력에 은행나무 지팡이 은행나무로 부활하다
향교와 서원에서 공부의 신으로 버티고 있구나
행단에서 강학한 공자의 정신을 회고하며

연꽃처럼 너무 불교 티가 났더라면
연못에서 무참히 이단의 상징이라고 뿌리째 뽑히듯이
아니, 너희들은 티 없이 살고 있구나

절과 문묘의 지킴이 은행나무
유교와 불교의 정신을 아울러서
나무신선으로 천 년 수행하니
유불선 삼교회통의 상징이로다

마늘

김윤환

매끈하게 하늘로 입 벌린 마늘꽃
오월의 단내 아래 햇살 머금은
육쪽의 눈물 알갱이

꽃만 하늘로 향한다고
잎새만 바람을 느낀다고
원망하지 마
네게만 어둠을 둘렀다고
우울해 하지 마
그 슬픔 애써 피하지도 마

세상은 매운 것 투성이
빈틈없이 눈물이 여물어
벗을수록 새하얀 속살

붉은 말씀

김은령

여름 수타사
자목련이 피었습니다
이미 결정된 사안인 양
무성한 잎사귀를 젖히고
붉은 자태 확연히 드러내놓았습니다
지난봄, 목련나무는
내보냈어야 할 제 안의 꽃
두어 송이
슬쩍, 나를 위해 밀쳐두었던 걸까요

어차피 보내야만 한다면
아차, 그때를 놓쳤더라도
더 늦기 전 꼭 보내야 한다는 듯
몸 깊이 어정쩡 그를 담고 있는 나를 향해
꽃,
들어 올리고 있습니다

저녁이 되겠다

김은숙

마다가스카르 섬에서 나는 노을이 되겠다
한 그루 침묵이 되겠다

바오바브나무들 슬며시 하늘에 뿌리를 내리면
깊숙이 품을 내주며 시나브로 붉어지는
주홍빛 가슴이 되겠다

날선 눈빛 가시 돋친 말 한 토막도 순하게 품지 못하여
마음 구석구석 생채기만 새겨온 각박한 나여
시간을 닫아 스스로를 유폐하며 겹겹으로 갇히고 묶여버린 나여
벼랑 끝 간신히 발 디디고 있는 위태로운 날들을 살면서도
언제나 드넓은 대지의 품을 그리워했으니

마다가스카르 섬에서 나는 저녁이 되겠다
온종일 뜨거운 숨 바쁘게 돌아온 지친 시간을
기꺼이 받아 안아주는 끝 모르는 적막이 되겠다

사라짐의 세계

김은우

꽃이 지자 향기가 사라졌다 순간의 기억을 좇는 사람들의 기억 속에서 향기로 가득하던 허공이 한순간에 텅 비어버린 시간의 환멸 즉 사라짐의 세계는 만질 수 없는 길에 바람이 불 때 훌쩍 떠나간 시간과 머물렀던 시간 사이 어둠이 자리 잡는 순간이라 하겠다

사라진다는 건 햇살이 잠시 빛났다가 스러지는 흔적을 지우는 짧은 기억의 찰나에 다름없는 것 천 리를 가는 바람의 일이라고 말하기엔 애매한 시간의 흔들림에 불과한 길의 그림자가 만들어내는 물결무늬라 하겠다

떠나는 기차의 실루엣처럼 내가 없는 먼 곳으로부터 아스라이 지켜지지 않은 약속 하나로 어긋난 굴곡의 역사가 무너지는 적멸이라 하겠다

백일홍

김이숙

맘 번다하면 산사에 오르지요 공중대고 첨 만나는 배롱나무 옆구리 간질이지요 앙당그러진 녀석 별 수 없는 듯 키드득키드득 웃지요 녀석의 웃음이 좋아 녀석이 웃으면 내 앙당그러진 맘도 덩달아 흔들흔들 연방 간질간질이지요 지랭하여 찾은 줄 알아 그런지 피고 지고 피고 지고 연방 킥킥 웃어주지요 그렇게 아픈 맘 다독여줄 줄 아는 녀석이지요

구름, 다시 산에 서다

김인구

숲길을 빈 그림자로 걷는다.
삶의 군더더기를 벗어던지는 나무의 생애는
한때 공허롭기까지 하다.
제 이름 한번 제대로 불리우지 못한 채
생의 무릎을 꺾는 한해살이 풀들을 들여다보면서
나는 누구인가.
어디에 떠있는가를 되짚는다.
바람은 마른풀이며 나무를 넘어
나의 온몸에 달려든다.
산자락에는 서늘한 바람의 비명만 남아
나는 말을 더욱 깊숙이 감추고
내가 어디로 흘러가는지 산은 이미 알고 있다. 흘러서 마지막 닿는 산기슭
을 향해
산은 나를 밀어올리고 있다.

입적
—똥

김인육

돌아보지 마라
울지는 더욱 마라
단풍잎같이
애련의 손 흔드는 이별은
나의 행적이 아니다
나는 떠난다
최후의 행자처럼 나는 떠난다
오탁의 모든 궁리가 끝났을 때
사바의 모든 연들이
절로 다하여 홍시처럼 붉어질 때
구불텅한 생애
기막힌 생의 꽃자리를 털고
세상의 가장 낮은 법문을 열고서
덩이덩이
금빛 해탈로 빛나며
적멸로 나는 간다

잎사귀 명상

김임백

잎사귀 하나
엽록소 다 주어버리고
뭇 별들의 눈초리 차가워도
움켜쥔 손아귀 놓지 못한다
바람에 가슴 찢기고
벌레들에게 살갗 뜯기면서도
푸른 잎맥 남아 있어
완강히 버티고 있다

내가 진정
당신에게 그러하리라

감나무

김재수

톡—
풋감 하나가 떨어진다.

하루하루 달라지는 무게로
휘어진 감나무의 어깨

'누굴 내려놓을까'

차마 손 놓지 못해
망설이는데

"저요!"

말릴 틈 없이
잡은 손 내려놓고 떨어지는
풋감 하나

'톡—'
떨어진 풋감의 무게보다
더 무겁게
감나무의 가슴이 온통
흔들리고 있다

은행장미나무

김점미

은행나무 한 그루 선 뜰이었다.

그 아래로
조그맣게 가지를 뻗고 있는
장미 넝쿨이 있었다.

따로 담장이 보이지 않았던지
은행나무 가지 사이로
맘껏 팔을 뻗치더니
빠알갛게 꽃 만발해 버려
장미나무 되었다.

서로 의지하며 사는 모습이
사람보다 낫다.
공존의 섭리를
식물은 더 잘 알고 있는 모양이다.

은행장미나무 한 그루 선 뜰에
나 혼자 서 있다.

꽃

김정신

아침에 만졌다
다섯 송이 꽃들을
모기들은 내가 잠든 사이 꼭꼭
띠목* 특산 풀독 찍어 팔과 다리에 꽃을 피워 놓았다
너무 붉지도 않고
크지도 않은 그러나
갓 핀 생기를 뽐내는
팔 다리는 전통을 거부하는 전위의 꽃대
어디를 장식할까 수반이 저기 보이네
작은 이 포구를 환하게 가꾸어 주어야지
자부심의 꽃대들을 흔들면서 나아갔다

밭 고개 그림자 떠밀리는 물 주름들 사이
부지런도 하여라
누가 벌써 꽃을 꽂아 놓았네
꽃들이 떠다녔다 세 송이
꽃은 홀수로 꽂는 거다 그렇다 세 송이
느리지만 선명한 자맥질 조근조근 가고 오는 손
신호들
수반 안은 쾌활함이 삶으로 풍경으로
완성되어 있었다
검은 기름의 어둠은 이미 걷혀 있었다
수백 년 새벽을 꾸민 늙지 않는 늙은 물꽃들
아침상에 생활을 차려주었지

열매와 씨앗 잔액 팽행히 채워놓았지
암
기름막이 가리지 못해
해일이 뒤집지 못해 우리는
사는 것이 꽃이야

할 일 없어진 꽃대들을 접어 배낭 속에 넣는다

* 모항(茅項)리(충남 태안군 소원면 내)의 한글이름

못 생긴 돌

김정윤

산과 산이 포개어진 계곡에
캄캄하게 고개 떨구고
가위눌린 아랫도리 씻어내며
여기까지 밀려왔습니다
빛을 들일 수 없어
온몸을 굴러 살을 깎습니다
모서리마다 살점 떨어지는 오늘과
안으로 여미는 생각의 끈 어디쯤
끈적한 알몸 위로 푸른 이끼 올라옵니다

수시로 일어나는 기억의 실타래 속
아스라한 중심에서
한결 투명해진 심줄을 당깁니다
보랏빛계곡의 목덜미에
사태지듯 어둠이 쏟아지면
진물 흐르던 검은 가슴 위로 별이 뜹니다
머지않아 푸르게 푸르게 보시할 그 순간까지
법열의 경지 같은 귀만 열고 있습니다

넝쿨

김주애

어머니 가꾸시는 텃밭은 넝쿨 아닌 것이 없다
호박 수세미 박 울양대
행여 허물어진 속살 보일까
서로 덮어주면서
천둥이라도 치면 번개라도 치면
서로 몸 비비며
한고비 넘고
쉬이 달래지지 않는 마음이라도 있으면
넝쿨넝쿨 담이라도 넘어가
맺히는 것 없이
걸리는 것도 없이
술술 풀어내는 인생

어머니 가꾸시는 텃밭에는
풀어보면 한 알 한 알 목 메이지 않는 것이 없다

토르소

—시쓰기

김지희

얼굴도, 가슴도 없이
몸통뿐인 모습이 민망하다

유럽 여행길에서 만난 이방인 친구
사지 다 잘리고
머리마저 날아간 불구의 토르소가
루브르 박물관, 고대 문명으로 가는 길 지키고 있다

얼굴이, 가슴이 잘려나간 그의 언어는 어디 있나

어둠을 뒤집어 쓴 저녁,
묘비처럼 외롭게 웅크리고 있는 글자들

밥벌이도 할 수 없고
가슴에 꽂혀 있는 갈고리도
빼내 줄 수 없다
세상 어둠의 빗장도 열지 못한다

캄캄하고 고요만 깊은데…

홀로 새벽을 밟고 있는
저 영혼의 썩지 않은 곧은 칼 한 자루!

밤톨 줍기

김진길

투둑,
저 추임새
명창이 나나 보다

소소리 솟은 나무
득음의 찰나,
그
찰나

잘 여문 말씀 한 송이
정수리에
콕,
앗, 따가워

여울목 바라서다

김진수

사는 일이 느슨해져 어깨에 힘 빠질 때
큰소리를 내지르며 강가를 달려본다
팽팽히, 용솟음치며 내달리는 너를 좇아

세상 좁은 틈바구니 헤쳐 나와 여기까지
부딪쳐 몇 차례쯤 깨졌던 아픔이야
까짓 거, 소용돌이로 감아두면 그만이지

벼랑 아래 맴돌다가 이렇게 만난 우리
깨꽃 같은 저 물보라 물수제비 웃음으로
이쯤서, 맺힌 거 풀고 물살처럼 뒤채보자

아름다운 문상

김찬옥

늦가을 단풍나무가
제 몸을 살라
조등을 내걸었다

장작더미 위에서
활활 타오르는 큰스님
다비식 같다

망자가 직접 조문객들을 맞는다

문간에 조화 하나 서 있지 않고
봉투 받아 챙기는 이
하나 없다

뭉툭하다

김채운

거인의 손바닥 같은 잎사귀 펼쳐
그늘 스크럼을 짜던 버짐나무들

일제히 할례!

잔뜩 힘 들어간 장정의 그것처럼
뭉툭한 우듬지 곧추세워
붉은 놀 깊숙이 박고 있다

저 완강한 발기

사라지는 것들

김추인

녹조가 번지고 있다
적조가 번지고 있다
호수로 강물로 바다로 경계를 넘어가는 부영양의 띠
틈입자들의 충만이여
배부른 반도의 남쪽 미생물들, 돼지들, 사람들이 보낸
강물은 하염없이 흘러
삭은 연대의 뼈를 수습하며 흘러가고 있다
구름떼 같은 저 군중 속으로 내 살도 흘러가고 있다
세상 모든 어릿광대들 모여
기름 끼는 시선들
광년의 하구 쪽으로 지루하게 지루하게 흘러가는 동안
빈사의 천재들 미쳐버리거나
눈이 맑은 실뿌리들 목숨을 반품하고 흔적을 지운다

흰 동자꽃 만년 동안의 감추었던 생을 드러내놓고 마지막 포즈를 취한다

사계절 장미

김춘자

서른에 과부된 어머니
앞날 캄캄해 피었습니다

사남매 키우고
뒤돌아보니 서러워 피었습니다

칠십 고개 건너
아직도 못다 핀 꽃 있어 피었습니다

가시처럼 품은 세월
이제는 시절도 없이 피었습니다

곳간 어딘가 아직 도둑놈들 있다

김태수

그렇게 바꾸어보자는 말 어디에 틈 있었을까
그 맹세 흘러가 버린 유행가 되었나
아싸라비야 뽕짝 장단에
차떼기로 라면상자떼기로 모조리 실려나간

얼추 쭉정이인 곳간 어딘가 아직 도둑놈들 있다

은행나무의 안부

김택희

우편집배원은 내가 사인을 하는 동안에도
흰 봉투에 새겨진 길을 살피느라 시선을 거두지 않았다
그가 건네준
은행잎으로 만들었다는 푸른 알약들
안부를 묻는 지인의 손길처럼 싱싱하다
몸속 오지의 좁은 길까지
큰 혈관으로 혹은 미세혈관으로
길을 터준다고 했다

요즈음 나는 가끔씩
자주 다니던 길 위에서 헤맬 때가 있었고
가던 길을 되돌아오기도 했다

굽은 길 위에 서 있던 우편집배원도 돌아간 어둑 저녁
은행나무 아래에 선다
푸들푸들 바람 비벼 나누는 인사
잎 잎으로 뻗은 손 흔들고 있다
동서남북 흩어진 지구인에게 안부를 묻고 싶어져
이 저녁 나는
키 큰 한 그루의 은행나무로 선다

낙엽더미 속으로

김현식

낙엽과 함께 날리다

뒹굴다 쌓이는

별빛 고독,

낙엽더미 속으로

깊게 파고드는

적요,

낙엽을 쓸지 마오

포도(鋪道)에 적재하는

시린 마음이라오

오늘도 낙엽을 찾아 왔거늘

신단수(神檀樹) 그늘 아래

김혜영

가랑이를 벌린 허벅지 사이
아늑한 신단수의 살결을 따라
검은 숲 우거진 늪으로
미끄러지는 첫 남자,
뭉게구름처럼
가슴을 스치는 새의 깃털
신성한 까마귀 부리가
내 목을 문다
퍼덕거리는 엉덩이를 움켜쥐는
환웅의 굵은 손가락
쏟아지는 폭포수
하얀 속살이 쩍 벌어지고
파르르 입술을 떠는 나무 잎사귀
햇살이 쏜 화살, 까마귀가 날아간다
태백산 너머 먼 고구려 땅으로
불새의 부리에 맺힌 씨앗이
툭, 툭, 툭, 깨어나는

남도 기행

김홍조

유달산에서 발원한
목포의 눈물
1분에 78회전 에스피 판
홈 따라 덧나고 번져

영암 월출산
해남 땅끝마을
진도 세방낙조
목울대 피멍 들게 하다가

세상 돌아가는 톱니바퀴 속
맞물리지 못한 축음기 바늘
숨 막히고 기 막혀
턱 턱
발걸음도 막히자

보길도 세연정
영원한 경계인으로 들어앉았네

아따!
징한 팔자라니

간고등어

김환식

지푸라기에 목을 매단
간고등어 한 손이
슬픈 표정으로
그네를 타고 있다
저녁 무렵
한 켤레의 곤궁(困窮)한 검정 고무신
터벅터벅 넘어오던 고갯길
장날이면
손때 묻은
아버지의 지게에 매달려오던
한 손의 간고등어
오장육부(五臟六腑)에는
꾸역꾸역 천일염(天日鹽)을 채워놓고
삶이란
이렇게 염장(鹽藏)으로 저려지는 것이란 듯
동짓달 기나긴 밤
저 혼자 처마 끝에 물구나무서서
찬찬히 한 생(生)을 흔드는 것이다

부활

김희정

거리의 나무가

손이 잘리고 발이 잘리고

몸이 잘려나갔다

초상집에 조문행렬이다

바람이 들렀다

비도 왔다갔다

햇살도 찾았다

새들도 울었다

버려진 밑동에서 싹이 올라온다

가을 밥상

나금숙

새털구름이 석양 무렵을 흔들어서
허공 한 뼘이 소류지를 품고 있다
길을 돌아가거나
늪을 건너야 도착하는
늙은 은행나무의
그림자가 펼쳐진 원탁 위에
높이 열린 견과들이 부서진다
어린 청동나귀는
막 날개가 돋기 시작한다 어느 때나
홀로 목젖이 뜨거워지는 저녁은 쓸쓸하다
골짜기를 내려온 나무들과 새털구름이
친구처럼 빙 둘러 앉는다
마른풀이 쓸고 간 바람에 나무들의 긴 다리가
상(床) 아래로 서늘한 저녁은 쓸쓸하다
갓 지어낸 밥의 훈기를 기억하는 숟가락처럼
은행잎이 맑은 소리를 내며
가만히 떨어진다

나팔꽃

나문석

해 동안
타는 그리움
하늘 향해 솟더니

밤새 내린 비로
속곳 젖은 비밀 하나
뉘 가슴에 새겼나

톳

남정화

조도를 떠나 함평을 지나자 해거름이 되었다
하루 일을 끝낸 새떼 허공에 발을 세우고 느릿느릿 춤을 춘다
공중묘기라도 펼치려는 것일까 완만한 곡선으로 처음을 열더니
일제히 빠른 속도로 발을 맞춰 행진가를 부른다
어류포에 내렸던 닻을 걷어 올리자 알이 탱글탱글한 톳, 줄줄이 따라 나선다
신금산 정상에서는 좀마삭이 발목을 부여잡고 애걸복걸이더니 포구에서는 톳이 부산하다
어류포를 떠난 배가 팽목항에 이르자
아뿔싸,
아직도 섬 안이다 잡았던 손을 얼른 내려놓고 빠르게 달아난다
신금산에서 좀마삭이 싱긋이 웃고 있다

답여여산방주인(答如如山房主人)

남효선

산방으로 오르는 길 아득하다
먼 길 돌아왔다
눈빛은 형형하다
천태산이 닻줄을 내린
은행나무, 여덟 아름 밑동을 닮았다

천태산 자궁을 적신 햇살이
산방 마당 어귀에 다다르면
다홍빛 수련 속살을 연다
조선 천지 발품 팔아
며느리밑씻개니 닭의장풀이니 여뀌풀이니
제각기 곡절만 가득한 이름들 데불고
이슥고
천태산 자궁을 떠받쳐 우뚝 서 있는

은행나무 눈부시네

입춘(立春)

노혜봉

모처럼 햇살을
담뿍 받아 보아라
이 봄볕 첫날에
몸을 말린다
솜은 솜, 무늬는 무늬
눌러놓은 그대로
날아가 버린 색깔은
색깔 그대로

오! 가벼워라
마음아
늘상 그 자리를
평안히 챙겨라
스스로 들어 앉혀서
잘 챙겨라

삼가 삼가 모처럼
봄 햇살에 마음을 밝혀본다

나무에 기대어

도종환

나무야 네게 기댄다
오늘도 너무 많은 곳을 헤맸고
많은 이들 사이를 지나왔으나
기댈 사람 없었다
네 그림자에 몸을 숨기게 해다오
네 뒤에 잠시만 등을 기대게 해다오
날은 어두워졌는데
돌이킬 수 없는 곳까지 왔다는 걸 안다
네 푸른 머리칼에 얼굴을 묻고
잠시만 눈을 감고 있게 해다오
나무야 이 넓은 세상에서
네게 기대야 하는 이 순간을 용서해다오
용서해다오 상처 많은 영혼을

산중별곡

동 봉

흐르는 물에는 이끼 끼지 않고
돌아가는 팽이는 쓰러지지 않네
청산은 구태여 먹으로 그리지 않아도
나의 눈에는 만고의 병풍 같네
산중의 좋은 벗은 숲 속에서
반가워라 지저귀는 새들이요
흐르는 물은 돌을 때리면서
소리 내며 내 곁을 떠나가고
물속에 잠겨 목욕 중인
정겨운 밝은 달은 나를 반기네
조약돌 벗 삼아 하루 종일 노닐다가
온몸에 달빛 안고 돌아오면
대웅전 추녀 끝 풍경소리가
나를 반기네

철쭉

류인서

산행길 비탈에
환하게 피어 있는 산철쭉 한 무더기

이리 와서 이 철쭉 굵은 꽃술 좀 봐
팽팽한 철삿줄의 공기를 당겨 올리는 낚싯바늘 같아

그러면, 이 붉은 꽃바늘로 나비날개를 당겨 연애나 해볼까
등성 너머 구욱국 울어대는 산비둘기 울음을,
산복도로 아래 처박힌 자동차 바퀴를,
비탈밭 들쑤시고 다니는 멧돼지 꼬리나 당겨봐?

낚싯바늘 입에 꽉, 물고 살아가는
산비탈 언청이 꽃마을 산철쭉 동네

모래척추

마경덕

평생 누워있는 사막,
바람이 불때마다 와르르 척추가 흘러내린다

모래척추는 사막의 고질병,

수렁과 유사(流砂)는 살아 있는 뼈를 삼켰지만
사막의 등뼈는 자라지 않았다

척추가 무른 아비 어미도
그렇게 평생을 뒹굴며 늙어가고
흙바람이 불때마다 낙타의 무릎만 단단해졌다

만년설에 목을 축이고
미라가 된 천 년 묵은 호양나무 지팡이를 짚고
몇 걸음이나 걸었나

물결처럼 건너간 바람의 발자국을 신어 봐도
모래의 유전자는 바닥으로 흘러내린다

저 모래척추를 무엇으로 부축할까
무릇, 등뼈는 수직이어야 한다
수평이 되면 죽음과 가까워지는 것

회오리를 붙들고 돌아눕는 사막
욕창 난 등이라도 말려야 한다

한 그루의 나무를 위하여

맹문재

나의 시가
한 그루의 나무만큼만 살았으면 좋겠네

플라스틱 스티로폼 시멘트 말고
소나무 참나무 느티나무처럼 창창하게
살았으면 좋겠네
나의 시가 발표되기 위해서는
수십 년은 살았을 한 그루의 나무가
베어질 것이네

그 나무만큼 나의 시가
사람들의 가슴에 들어찼으면 좋겠네
살아가는 동안
사람들을 이끌어 주는 안경이 되고
신발이 되고
부엌칼이 되었으면 좋겠네

나의 시가
한 그루의 나무만큼만 살았으면 좋겠네

가을은 아날로그

문 영

나뭇가지에 노랑 빨강 인장을 찍어대는 손길
사인을 해도 될 걸
불타고 남은 생을 결제하는 가을이 왔어
도장 찍지 않으면 허가나지 않는 일이 있는 양
이 산 저 골짜기에다 마구 밟고 다니는 걸음이 있어서
마음도 따라 물드는 것인데

저당 잡힌 생을 현장 검증하는 집행관처럼
가을바람이 불어서
머그잔에 커피를 타서 가을과 함께 마시는 것인데
그러면 충전되지 않는 배터리 같은
외로움이며, 슬픔이며 하는 가지가지 생각이 단풍으로 지는 것인데

흘러가고 사라지는 것을 사랑하는, 아무래도
가을은 아날로그

천 년 고목(古木) 서 있던 곳

문창갑

수령 천 년을 살던 영물이었습니다
살아 있는 마을의 전설이었습니다

아, 그날
천 년 고목(古木) 은행나무 그예 베어지고 말았습니다

남새밭 가시던 어르신들
공손히 합장하고 가시던 곳
이제 그곳엔 천 년 고목(古木) 대신
붉은 경고판 하나 서 있습니다

사고 많은 도로!

당신 눈동자 속엔

문충성

당신 눈동자 속엔
내가 떠나야 될
나의 바다가 있다
들여다볼수록 넓어진다
푸르르 꿈꾸는 바다물결
밀고 써는 부대낌들
하얗게 재우는 모진 바람 속을
갈매기 한 마리
날고 있다

당신 눈동자 속엔
내가 건너야 될
나의 수평선이
또 하나
어두워오는 내 이마
쟁쟁 눈물로 빚은 불
불 밝혀놓고
가고 오지 못할
길을 열어놓는다

패랭이꽃 속의 나라 1

문효치

햇살이 내려앉아
기웃거린다

먼 길을 날아와
발 디딘 곳
그러나 낯설지 않다

가득히 걸려 있는
현금(弦琴)의 현(弦), 손끝으로 퉁겨
잠든 음률 깨운다

하늘에 떠다니는 색깔
쥐어다가 바르고 치장하면
밤도 밝다

상시 적정 기운이
낙화처럼 날리는
유년의 세계다

만남

민순혜

당신은 오고 있다구요?
나는 지금 당신에게 가고 있는데,

저쪽에서 마주 오는 하행선
내가 탄 상행선,

문득 시야에 먹구름이 이는군요.
당신은 오고 있다구요?
나는 여전히 당신에게 가고 있는데,

길은 소리 없이 또 하나의 길을 내며
내 안에 울고 있는데,

숲이 되라

박경남

길가에 떨어진 낙엽 사이로 비둘기 한 마리 누워있다

몇 번인가 짓밟힌 비둘기

염을 하듯 말없이 지켜보는 동료 비둘기들의 울음에

가는 다리 겨우 움직여

유언 같은 인사를 건넨다

힘찬 날갯짓하며 숲으로 날아가는 저 비둘기들

끝내 숲이 되라는 유언을 들은 게 분명하다

밭농사

박경조

언 땅 맨발로, 매화 목단 작약 피워 지우던
타성의 각성바지들
잉크꽃 붓꽃 이운자리 바짝 다가앉아
맥문동 피워 대를 잇던 보라 일가
꽃분홍 진분홍 연분홍 봉숭아, 분홍 일가
처마 돌아 별채에 든 채송화 일가
어느 해, 첫서리 내린 날
월광사 부처님 부쳐주신 붉게 붉게 번성하는 백일홍 일가

담장 따라, 원추리 참나리 환히 벙그는 장마철에도
살면서, 쉬이 속내 드러내지 못한 것
내 사랑의 방식인 걸 상사화는 알아차린 걸까
떨어져 쌓인 꽃더미 속 자세히 들여다보는데
콩벌레 쥐며느리 진딧물 개미들
체면 없는 폭염 아래
저네들끼리 당당하게 구름차양 쳐놓고
가만가만 새끼들을 치고 있다니
참, 다행이야

늙어간다는 것

박경희

앞니가 빠지고 등이 굽은 외정마을에 사는 최 씨 할아버지
손등은 감나무 껍질 벗겨진 듯 꺼칠하다
고집은 쇠스랑에 걸어두어도 좋을 듯한데
쉰내 나는 오토바이 한 대
동무 삼아 산 지가 손꼽아도 손가락이 모자라다

어디 탈탈거리며 늙어가는 일이 쉬운가,
앞집 권 노인 농약 하다 쓰러져
콩밭으로 가 다시 돌아오지 못하자
끌끌거리던 경운기마저 주저앉았다
자전거로 달리던 삽자루에 핀 녹 푸른 나팔꽃

함께 늙어간다는 것은, 무르팍 해진 자리에
헝겊을 덧대 서로를 덮어주는 일
환삼덩굴이 제 손바닥 안에 별을 들여앉히는 일
권 노인 저승으로 보내고 쭈그려 앉아 대문 밖만 바라보다가
수숫대 모가지에 달라붙는 새떼만 쫓는 하루

번호판 한쪽 찌그러진 삶처럼
그래도 탈탈거리며 가는 논둑길
쭈글쭈글 달라붙는 대추나무길

봉숭아집

박구경

마당의 꽃밭은 연잎 바탕에 색을 넣어 그렸다
상추 몇 포기가 땀 흘리며 피어 있을 것이다
골무 닮은 꽃잎들은 전체가 분홍이지만
더러 바늘에 찔려 피가 붉게 배었다
집 모양 테두리는 굵은 붓으로 거칠게 그리고
칠이 안 된 부분은 황토 흙을 채우기로 했다
작게 그려 넣었던 대문 자리는 자국은 남았지만
지우고 나니 마음이 밖으로 트였다
흙먼지 폴폴 올라오는 길
멀리 보이는 구불거리는 길과 들판으로
쉬는 듯한 나무 한 그루를 그려 올렸다
그리다 보니 집 자리가 높다
몇 개의 장독도 둥글고 검게 마련했다
안채와 떨어져 창고처럼 작게 그린 방에는
오래된 책들을 가져가 쌓아 두어야지
마당은 배냇저고리 낡아 바랜 만큼만의 색을 입히고
집 곁으로 흐르는 도랑가엔 찔레를 앉혔다
봄이면 장미보다 우아하게 꽃 피울 것이매 그 곁에
알 듯 모르게 산수화 속
있는 사람 하나를 그려 넣었으니
눈물이 수르르 흘렀다
송판으로 마루를 깔고 어려서 살던 옛집 분위기를 더했다
손때 묻어 반들반들하다
채 다 짓지는 못했지만 마침맞고 맘에 들어
마음속에다 집 이름을 봉숭아집이라 명명했다

대낮

박기섭

으능나무 가지마다 두레박줄 걸어 놓고 참매미떼로 와서 개울물을 퍼 올린다 퍼 올려 목물을 한다

고요하구나

단애

천태산 풍경

박남근

산 울림소리 청아한 천태산
바람은 웃자란 바위를 다듬어
폭포수 미끄럼 타며 떨어지고
거북 등 같은 계곡 바위 하나 둘 오르면
할머니의 할머니 때 꿈 이야기 들어주던
삼신할미바위 오도카니 서 있다

산 중턱에 자리 잡은 침묵의 영국사
나지막이 울리는 범종소리에
시인의 번뇌 깊어만 가고
등줄기로 흐르는 땀방울이
솔바람 타고 올라선 천태산 봉우리
발걸음소리에 놀란 솔솔바람은
우듬지에 걸렸다

하늘이 우물처럼 깊은 날
별똥별 하나 어둠을 가르며
은행나무 옆에 앉았다
별이 내려앉은 자리 자식 하나 키워
조용히 부축 받은 천 년의 고목

무수한 세월 속을 걸어 나와
노란 지팡이를 짚은 은행나무
갈색 바람 한 모금, 손짓 한 아름으로
천태산 새 천 년을 불러 섰다

놀라워라

박남준

낙엽 하나 땅에 떨어졌다
어떤 나비의 애벌레에 몸을 내주었나
삭은 뼈처럼 드러난 잎맥들 방울방울
이슬을 매달아 햇빛을 굴린다
그 모습 열반한 선승의 사리 아닌가 생각하는데
몸의 어느 구석에 생기가 남아 있었던가
가을볕에 뒤척이다 발끝부터 토르르—륵
동그랗게 말았다 번데기 같다
가지에서 떨어져 허공을 부유하다
나비를 꿈꾸었는가
놀라워라 저 낙엽

봉인

박명보

이별을 배우러 갔습니다
선운사 동백 지는 날

그토록 결연하게
한 점 망설임 없이 뚝, 뚝
제 목을 꺾어 낙하하는 저 꽃들

내게도, 떨어지는 일은 쉬웠습니다
온전하게 차가운 결말도

다만
길 어두워 저녁 서늘해질 때
그 길 위에 구르는 꽃송이들
가지를 떠난 줄도 모르고
봉인된 시절인 줄 모르고
환하게 붉은 것

그저 철없습니다

강가에서

박몽구

비 개인 안양천을 본다
밤새 실컷 울고 난 여자의 눈자위가 가라앉듯
퉁퉁 부었던 강물이 쑥 빠졌다
갈대밭 아래로 수위가 내려가면서
장마의 완강한 팔뚝에 붙들려
떠밀려온 것들이 백병전 뒤끝처럼 널렸다
내장이 뒤집어진 냉장고, 이빨에 찢긴 라면 봉지,
아직 달려야 할 길 많이 남았다는 듯
소에 갇혀 빙빙 도는 폐타이어,
아버지의 고단한 하루를 위로하다 버려진 소주병들이
강가에 주인 없는 무덤처럼 헤집어져 있다
문득 갈대숲 안쪽 습지에서 들려오는 함성
모처럼 물을 만난 맹꽁이들이 짝을 찾는다
덩달아 풀여치 쓰르라미들 켜대는 악기소리
매연으로 막힌 귀를 밝혀 준다
백화점 기둥 휘청이도록 넘치던 물건들
죄다 무덤으로 휩쓸려 간 뒤
강가에 버려졌던 풀숲 가족들의 합창
장마로 사라진 길 시원하게 연다

샘터

박부민

달구리 어스름 속에서
물동이를 인 흰 겨드랑이를 처음 보았다
지푸라기 똬리가 어머니의 머리칼과 엉켜
눈물을 뚝뚝 떨어뜨렸다
일순 안개 물러나는 샘터에
산수유 연황빛 자욱하고
정갈한 물 한 그릇 말없이 들이켜는
흙 묻은 손, 아버지의 아침이 보였다
그 검은 옆구리에 기대고 선 삽은
녹슨 목울대를 드러내며 번쩍
웃었다 서늘한 어머니의 얼굴이
햇살로 거푸 젖어드는 봄
우리집 마당에 영영 샘터 한 곳 들이고 싶었던

모감주나무

박상봉

그가 사랑한 여자는
직업과 가족을 버리고 산으로 도망가
모감주나무가 되었다고 한다
사랑을 잃은 사내는 주말마다 산을 오른다
산은 다가갈수록 멀어지고
나무는 숲 속에서 자주 길을 잃는다
사랑은 다 그런 것일까
오래 가야 일 년 삼 개월
눅눅한 땀만 손에 쥐어놓고 도망간 여자를 찾아
산을 헤매며 길을 잃게 만드는 것일까
비 오는 날 사내는 산을 오른다
깊은 골짝 바위틈에서 나는 물 냄새
쑥댓잎 흔드는 바람소리 휘젓고 다니다가
비겁한 지식에 기대어 삶을 망쳤다고
여자마저 놓쳐버렸다고 투덜대며
젖은 발걸음 돌려세우는데
절집 마당가에 웅크린 모감주나무
긴 회초리가 뒷등을 후려친다

풍화 흔적

박서영

저 숲 어딘가에 염장이가 사나 봐요

어떻게 한 것일까요

아무도 없는 곳에서 사라져버린 아이들을요

어머니의 심장에는 '다음 생' 이란 없거든요

얼어 죽을 개뼈다귀 같은 위로는 없거든요

조금의 폭로, 조금의 고백, 조금의 반성은 은폐를 의미하지요

'조금만' 은 '잠시만' 의 사촌인가요?

잊히지 않는 일들을 질겅질겅 씹어 삼키며 살아요

나물을 무치고 고기를 굽지요

A4용지

박선주

이른 저녁 써 놓은 시를 정리한다

여러 장의 A4용지를 고치고 지우고 반복한다

고개 들어 보니,

앞산의 활화산같이

펼쳐진 가을이 자꾸 나를 부른다

도무지 시를 쓸 수가 없다

벅찬 가을이 온통 시(詩)다

아버지
—나무의 기억

박성한

아버지 댁 담장 너머로
나무 잎새가 우거졌습니다.
아버지 돌아가시고
하관식을 마치고 돌아오던 저녁
잊고 살아왔는데 어머니께선
십여 년 전에 제가 심은 나무라 하셨지요.
아, 그 꽃물푸레나무,
온형근 시인이 분양해주셨던.
기억의 안갯속에서도
소천하시기 전까지도 저 나무처럼 늘
그늘이 되고 풍경이 되어 서 계셨을까요.
꽃물푸레나무 잎새 사이
빛나는 햇살 속에서
아버지,
당신을 깨닫습니다.

식물의 서쪽

박성현

식물이 창백한 표정을 짓는다.

저 식물의 잎에, 그 잎만큼의 넓이로 알몸을 비볐던 바람이 가만히 멈추어 그 표정의 안쪽을 살펴본다.

비어 있으므로, 서쪽은 그늘이다.
그늘의 호수다.

발자국이 뒤엉켜 반쯤 넋 나간 얼굴로 무딘 무릎을 세우고 있다. 사람이 걸어가고 호수가 뒤척인다.

사람의 뒤에서 문이 닫히는 소리가 난다. 햇빛 쏟아지는 창문으로 식물이 기울어진다.

그늘이 오그라들며 호두처럼 단단해진다.

식물의 고단한 오후가 드나들던 서쪽은 무자위가 멈추는 순간이다. 사람의 입술이 석류의 그것처럼 툭, 벌어진다.

자작나무

박소영

자작나무는 하늘 기둥이다

땅에 발을 묻은 채
천상의 그 집까지
손을 뻗어 닿으려 하고 있다

비록 움직일 수 없지만
어둠의 세계까지 넘나들어
죽어서도 불법을 흰 뼈에 새겨 넣고
해인사 팔만대장경 관이 되어 있다

시린 손을 세워들고 언 땅에 서서
하늘까지 닿아서 우주역이 되려는가
겨울연못 속 어두운 하늘을 받들고 있다

매화가 부른다

박순덕

낙동면 구잠리
매화가 꽃이불을
펴고 있다

오갈 때마다 눈길 붙잡더니
영락없이 사로잡혔다
혼자만 보기 아까워
핸드폰으로 저장하는데

좋지요 꽃이

뒤돌아보니
수더분한 한옥에서
허리 굽은 아버지와
늙은 아들이
모내기 흙을 치며 말한다
나그네에게
공으로 꽃구경 시켜준 부자가
순하게 웃는다

담으려고만 애쓰는 내게

영국사(寧國寺)

박 승

오래 자란 은행나무 아래 국물을 마신다
땅에서 뽑아 올린 잎사귀 나이 들어
거친 줄기들 바람에 흔들리고 있었다
땅에 박은 힘줄 솟구쳐 몸을 맺고
다시 솟구쳐 길가에 절을 낳고
난간을 울리며 번져가는 소리를 풀었다
밤과 새벽 걸어와 모두 면을 먹는다
하얀 찰흙 강력분 누군가 좋아하는
나물과 잘게 썰려 비벼진 양념
작은 몸 우린 향 멀겋게 번진다
노랗게 내리고 파랗게 오르고
개울이 비에 몰리는 계절 돌아와
따뜻하게 불어오는 여러 마음
울리는 메아리 삼키며 국수를 잡는다

산, 산, 산(山, 山, 山)

박승미

산(山)은 그대로 마애불이다

산을 배경으로 찍은 사진을 보면
부처님 무릎 위에 서 있는 듯
두 발에 힘이 들어가 있다

능선을 따라 부처님 이맛전에 오르면
무등 태워 주시는지
눈을 들어 올려다보니
머리가 하늘과 맞닿은 듯
굽어보면 굽이굽이
부처님 마음속이라

풍경소리 찾아 내려가
목을 축이고 일어섰는데
설법을 들은 듯
몸이 날아 갈 듯 가벼워

산(山)을 다 내려와 뒤돌아보니
빙그레 웃으시는 그 모습이
그대로 마애불이다

비단공장폐업

박승민

하지(夏至)를 넘긴 내성천 노을이 뒷산 솔숲으로 막 숨넘어가기 전 강물 위로 붉은 천연비단을 줄줄이 뽑아내고 있는데

놀란 쇠백로 부부가 입을 쩌억 벌리고 물비단 끝자락을 보고 있는데 따라가도 따라 가도 끝이 없는 사이 입에서 떨어져 나온 새끼 은어(銀魚) 한 마리가 재빠르게 비단치마폭으로 숨는데

이런 장엄들이 가장 흔한 일상이지만 풍경은 돈이 아니어서 곧 기십 억짜리 댐에 갇혀 명년 연말로 이 공장은 문을 닫게 된다

저울

박영인

한쪽 가슴을 들어낸 여자
점심을 먹으며 수다를 떤다
그녀의 과장된 미소
그 포장을 뜯어내면
곱게 접어둔 슬픔이
밖으로 넘쳐흐를 것 같다

유방암 환자의 이혼율이 높은 편이라고
한쪽 가슴이 없으니 무게 중심이 맞지 않아 어깨가 처진다고
남편이 잠결에 빈 가슴을 더듬으면 자신이 더 놀란다고
돌아가신 어머니를 만나면 가슴 한쪽 잃어버려 혼쭐이 나겠다고
환하게 웃는 여자의 눈가에 설핏 물기가 어린다

식당을 나와
앞서 걷는 여자의 발걸음이
추가 없는 저울처럼
한쪽으로 기울어진다

궁금하다

박우현

학산 길섶에서 죽어가고 있는 까치가 궁금하다
비만 오면 어디선가 나타나는 맹꽁이가 궁금하다
어미를 본 적 없는 웅덩이 속 도룡뇽알이 궁금하다
겨우내 잠잠하다가 봄이 되면 꼉꼉 우는 꿩이 궁금하다
무릎 꿇어야 겨우 보이는 풀이름이 궁금하다
꽃피어도 헷갈리는 나무 이름이 궁금하다
모감주나무가 7월에 황금꽃을 피워도
팥배나무가 저리 붉게 열매를 맺어도
그냥 지나치는
그 이름조차 궁금하지 않은 사람들이 궁금하다
나이 들수록 궁금함이 많아지는 내가 궁금하다

허공

박운식

허공의 넓은 길이 번지르르 나 있다
그 길 지나가는 달빛도 햇살도
미끄럼 타듯 생생 지나가고
그 길 따라 무성했던 참나무 잎도
노오란 은행잎도 단풍잎도
풀벌레 울음소리도 줄지어 번쩍이며 달아났지
지난가을 연평도 폭탄 터지는 소리도
나뭇잎처럼 바다에 떠 있던 군함도
전투기의 굉음도 미끄러져 달아났지
오랜만에 만나 술 먹고 떠드는 소리도
하이얀 이빨도 노래도
우리 청춘의 시절도
미끄러져 달아나는 허공을 보자

난(蘭)

박원혜

꽃이 폈다
화원에서만 피던 것이
내 앞에서 피었다
모시장삼 팔 벌리고
연노랑 고깔모자 쓰고
다가서자
훌쩍 하늘로 올라갈 듯
홀로 날갯짓 한다
내면의 빛깔을 이제껏
감추더니
꽃대도 보이지 않은 채
홀연 피어났다

겨울 파로호

박원희

양구에 파로호가 있지요
얼지 않은 겨울이 있지요

모두가 떠나간 겨울을 지키고 있는
파로호

깊은 겨울
파로호 지나는데
얼지 않았는데

춘천 화천 다 지나
언 강들이 눈을 이고 선
굳어버린 사랑이
파로호에 가면
풀릴 듯

얼어버린 사랑이
파로호에 가면
풀릴 듯

은행나무 각시의 노래

박윤규

나 홀로라도 좋아라
부드러운 바람 부는 봄날
그대 소식 풍문으로만 들어도
내 안에 그대 가득 스며드노니

찬이슬 내리는 가을이면
봄 여름 내내 갈무리한
그대 향한 하늘 끝 닿는 그리움
알알이 황금 열매되어
가지마다 휘어지게 출렁이노니

우리 마주 서지 않아도 좋아라
너무 멀지 않은 하늘 아래
바람 불면 닿을 만한 바로 그곳에
그대 존재하는 것만으로도
아득히 바라보는 것만으로도
나 황금빛으로 충만하고 충만하노니

제비

박응식

지지배배 지지배배
지집 죽고 서방 죽고
강남의 삼년상은 길기만 하고
서까래는 쏟아져 내리고
쉬파리 날파리 잠자리 무논에 놀아나고
처마 밑에 빈집 하나
지지배배 지지배배
한물간 제비
집에 집에 가자고
물찬 제비
빨랫줄에 줄줄이 그 많던

십이제국 만학천봉 달착지근한 바람과
온갖 향초에 취했는가
잡것!

산벚꽃의 봄은 산벚꽃이 안다

박이화

봄이라고
모든 나무가 꽃 피우는 건 아니다
나무의 나이테엔
그 나무의 전생
또 그 전생의 전생이 기록되어 있다 아니,
그 후생까지
아름다운 타원형 속에 비밀스레 내장되어 있다
따라서 우연한 봄날
우연히 꽃 피우는 나무란 없다
거역할 수 없는 윤회의 법칙처럼
거부할 수 없는 사랑의 순환
그래서 저 벚꽃
일생 중
오로지 4월의 미풍에만 황홀하게 전율한다

내 몸속
수천억 개의 세포는
내 전생의 잎, 잎들
그래서 당신, 그 봄날 같은 입김에
그토록 뜨겁게 반응했던…

젖은 책을 읽다

박종인

별장 앞에 두꺼운 책 한 권 파란 글씨들이 움직인다 바람이 책장을 넘기고 글자들 저마다 수군거린다 키 큰 나무가 무엇인가 찾아 두리번거린다

손에 침을 묻힌 빗방울 쪽수를 확인한다 이리저리 글씨를 흔들어 본다 마른 글씨들을 찾고 있다 조심해 아차하면 책장이 찢기니까 맨 앞줄에선 글씨가 소리친다 누군가 페이지를 북 찢어간다 그 바람에 쪽수가 달라지고 숨겨둔 향기가 한 움큼 날아간다

젖은 머리가 싫어요 '울음' 이라는 글씨가 도리질을 해요 난 목이 말라요 '갈증' 이란 글자가 마른 침을 삼켰어요 살살 만져요 '겁쟁이' 라는 글자가 겁을 먹고 파랗게 질렸어요 건드리지 마세요 '가시' 라는 글씨가 가시를 세웠어요

그 많은 소원을 다 들어줄 수 없나 봐요 맨 뒷장 키 큰 나무가 벌컥 물을 들이켜고 옷이 다 젖었어요 꺾인 고개가 어깨까지 흘러내리고 아, 비가 그쳤어요 책 한 권이 흠뻑 젖고 퉁퉁 불은 글자들이 떠 내려와요 누구나 무료로 읽을 수 있는 책

나는 저 숲이라는 책을 말려서 다시 읽을 거예요

괴테의 언덕

박지우

바람이 불어주는 고색의 가보트 플룻 연주를 들으며 그림자들이 수묵화로 내려앉는 남산 산책로를 걸어갑니다

부스러기 햇살과 조각난 바람이 오르내리는 허물어진 계단에서 지난 연인들의 발걸음소리를 듣습니다 베르테르의 슬픔을 쓸던 낡은 빗자루, 꽃을 지워버린 정원, 그 고요 속에서 샬롯테를 불러봅니다 당신의 탄식을 멈추게 한 올리케를 불러봅니다

한때는 두툼한 책 속에 손을 넣고 나를 휘젓던 때도 있었지요 절망의 밤을 긁어내는 소리를 마음에 가득 채우던 때, 위대한 페이지를 넘기며 누구든 방아쇠를 당기지 말라는 말을 하고 싶었죠

파우스트의 안부를 전하며 은유로 다가오는 당신의 창문을 노크합니다 나에겐 당신의 숲이라 부르는 음악이 있습니다 나도 당신의 연인처럼 수많은 연인들 중 하나입니다

나를 읽을 수 있는 그를 하나뿐인 나의 도서관이라 부르며, 직가 미상인 작품들 사이 나는 술래가 되어 떠돌아다니는 생각을 괴테의 빈 연구실 앞에 잠시 세워둡니다

후박나무

박지웅

오래전 당신은 손가락 하나였다 손끝에 올릴 수 있는 한 알 씨앗이었다 수천수만 잎들의 어미였으며 스스로의 딸이었다 오래전 당신은 음지의 나를 맡고 들어와 유해에 싹을 내고 줄기마다 나를 틔웠다 아득한 행렬 이루며 당신의 몸으로 오르던 봄날 나는 바람에 푸른 명패 흔들며 그 생(生)을 살았다 당신은 나의 어미 나는 당신의 어미 그리하여 후박나무여 나는 당신이었다 그렇게 서로의 몸을 탑돌이 한 우리, 어느 생은 사공으로 어느 생(生)은 편주(片舟)로 떠돌았을 그때 우리는 또 만났을 것이다 판자처럼 떨어지는 가슴 안고 북풍 휘도는 산마루 넘어 도달한 겨울 강 그대는 홀로 내 생의 도강(渡江)을 지켰을 것이다 아 어느 생(生)을 지게로 어느 생을 목관(木棺)으로 만나, 서로 지고 이 산하 넘어왔는가

오래전 우리는 손가락 하나였다 손끝에 뛰는 한 점 맥박이었다 수천수만 장 가슴 진 산천에 긴 비를 쟁기처럼 끌며 봄이 지나면 바람에 펴지는 씨앗 한 알이었다

나무가 걸어오네

박창기

종아리를 걷고
발가락을 길게 내리고
나무가 걸어오네
어깨엔 사려 깊은 손들이 여럿
그림자를 길게 드리우고
나무가 걸어오네
걸어오는 나무를 쓰러뜨리는
오만의 인간, 그 앞에
쓰러지며 또 걸어오네
곁에 서고 싶은
나무가 걸어오네
하나둘도 아닌 여럿의
나무가 걸어오네
나무가 걸어오네

영국사 해우소(解憂所)

박천호

스님이 해우소 앉으면
엉덩이 내린 볼일조차도
목탁소리 경건한 염불이 된다
아랫배 편안해지려면
머릿속 맑아야 하거늘
속세 벗어난 번뇌 휘감아
엉덩이 아래 내던지는 화두
바닥에 닿는 찰나의 순간
득도의 바람 느껴보았느냐
간절한 눈빛 비껴 앉은 망탑(望塔)
지문마저 닳아버린 염주(念珠) 굴리면
비워야 돌아올 수 있느니라
비워내야 다시 채울 수 있느니라
스님이 해우소 앉으면
냄새나는 볼일조차도
가을 햇살 잘 익은 낙엽이 된다

꿈으로 와요

박혜옥

그립다 보고 싶다
말하지 말아요
당신의 음성 허공으로
흩어지는 것 아까워요

뒤돌아보며 자꾸자꾸 웃지 말아요
그 예쁜 웃음
다른 사람이 보는 것 샘나요

헤어짐이 아프다 울지도 말아요
내 팔 너무 짧아
그 눈물에 닿을 수 없어요

그냥 꿈으로 와요
시간도 장소도 약속하지 말아요
벌써 우리 다 외웠잖아요

늘 만나는 그곳 누구나 아는 그곳
수만 개의 눈동자가 샛별 같은 불을 켜고
당신을 기다리는 그곳
꿈속의 꿈 같은 꿈으로 와 주어요

버드나무를 오래 생각하는 저녁

박현웅

오랜 풍력(風力)에도 물이 되지 못한 물의 족(族)
버드나무가 수맥을 찾아 가지를 흔들고 있다
부풀어 오르던 엽록(葉綠)이 소리를 깔며 비처럼 내린다
수많은 사이가 채워져 한 그루 흔들리는 허공의 물살
수심(水深)이 없는 잎들은 바닥을 알지 못한다는 듯,
푸른 물방울로 바닥을 쳐보고 싶은 것이다

나무를 업고 있는 그림자의 등이 축축하다
버드나무 그늘은 믿을 게 못 된다는 듯 이리저리 옮겨 앉는 오후의 빛
올봄 물의 길을 물어 연못을 팠다
멀지 않은 곳에 버드나무 꽃이 핀다는 계절의 일이다
한 번도 기억한 적이 없는 꽃
물이 숨 쉬는 것을 보고자 한 일이었다

아래서 위로 솟구치는 물줄기, 물의 줄기란 아래로 흐르는 종족인 줄만 알았다
늦은 밤 내 몸에 귀를 대는 일도
흐르는 몸의 수로를 궁금해 하는 것도 요즘의 일이다
살아서는 저 땅속의 일가들과 면접(面接)이 없겠다는 생각

바람도 저마다 뿌리가 달라 색색으로 물드는 나무들
저 버드나무 줄기가 바람의 골격으로 결코 땅에 닿지 않는 것은 순전히 물의 힘이다
허공에도 흐르는 물살이 있다면 저와 같을 것이다

제 몸을 물가로 끌고 가는
버드나무를 오래 생각하는 저녁이다

은행나무 그늘

—천태산 은행나무 밑에서

박희선

그늘로 오셔요
은행나무 그늘로 오셔요
어지러운 세상에
머리 아픈 사람
허리 아픈 사람 모두
기름진 은행나무 그늘로 오셔요
무거운 감투는 벗으시고
흰 목에서 반짝이는 눈부신 목걸이
배고픈 돼지에게 던져주고 오셔요
먼지 묻은 구두는 두 손에 벗어들고
발간 맨발로 오셔요
바퀴소리에 잠 못 이루는 두 귀는
비단강 맑은 물로 씻으시고
천태산 은행나무 그늘로 오셔요
나무 꼭대기에 앉아 우는 저 종소리는
가물가물한 하느님의 흐느낌
도솔천 맑은 물을 길어 올려
천 년 은행나무를 키우는
가난한 뿌리들의 두레박소리 들어보세요
은혜로운 그늘
천태산 그늘로 오셔요
멍든 어깨 위에 짊어진 허무한 돌덩이 다 버리고
빈손으로 오셔요
하얀 빈 가슴으로 오셔요

복사꽃 아래 천 년

배한봉

봄날 나무 아래 벗어둔 신발 속에 꽃잎이 쌓였다.

쌓인 꽃잎 속에서 꽃 먹은 어린 여자 아이가 걸어 나오고, 머리에 하얀 명주수건 두른 젊은 어머니가 걸어 나오고, 허리 꼬부장한 할머니가 지팡이도 없이 걸어 나왔다.

봄날 꽃나무에 기댄 파란 하늘이 소금쟁이 지나간 자리처럼 파문지고 있었다. 채울수록 가득 비는 꽃 지는 나무 아래의 허공. 손가락으로 울컥거리는 목을 누르며, 나는 한 우주가 가만가만 숨쉬는 것을 바라보았다.

가장 아름다이 자기를 버려 시간과 공간을 얻는 꽃들의 길.

차마 벗어둔 신발 신을 수 없었다.

천 년을 걸어가는 꽃잎도 있었다. 나도 가만가만 천 년을 걸어가는 사랑이 되고 싶었다. 한 우주가 되고 싶었다.

별

변영희

자작나무 산막에 하룻밤 세 들었지
산막마다 뭉게뭉게 오르는 연기에 실려
소와 개와 닭이 하늘로 오르는 밤이었어
산막 위로 쏟아지는 별들이 왜 그리 많은지
평상에 누워 고개를 끄덕였지
졸고 있는 자작나무에게 물었어
내일이 오면 여전히
닭은 새벽을 알리고
개는 꼬리를 흔들며
소는 부푼 젖통을 내맡겨 우유를 뿜어줄까
끊임없이 속살대는 물소리에
하얗게 질린 자작나무, 말이 없더군
화투를 치는 사람들의 기름진 웃음소리
산막을 뒤흔들고
별은 하늘에서 마음껏 반짝였어
손가락 끝으로 내려온 별들과 나눈
비밀스런 이야기, 어둠 깊은 하늘로 올랐지
참 추웠던 여름밤이야

홍시

복효근

누구의 시냐
그 문장 붉다

봄 햇살이 씌워준 왕관
다 팽개치고

천둥과 칠흑 어둠에 맞서
들이대던 종주먹
그 떫은 피

제가 삼킨 눈물로 발효시켜
속살까지 환하다

까치가 울면

서상은

산 그림자
문을 여는 새벽
창 밖 산까치가 울면
좋은 일 기다려진다

저녁 무렵
선술집 가면

꽁치가 술잔 곁에 누워
덕담에 귀를 열고

새벽에 까치가
노래하면
혀끝에서 춤추는 저녁 술맛

바닷가 381번지

서영택

한 무더기의 햇살이 나를 데리고 옛날에
너와 집으로 갔습니다
장독대에 늙은 고양이가 으르렁거리고
짭조름한 자반고등어
갯내가 담을 감싸고 도는
바닷가집 381번지

내 마음의 화단 피고 지는 감꽃 앉아 있음을
보았습니다 오래된 편지에는
감꽃 향이
봄 햇살에 끓어 오르듯 넘쳤습니다
멀리 산등성이 붉은 해를 지고
못다 한 말들이 실꾸리에서
풀려 나가고 있습니다

들판에서 온 봄꽃은 바람을 따라 씨앗을 돋아내고
멀지 않아 꽃이 올라오겠지요
붉은 해가 대문을 열고 대청마루에
긴 그림자로 누웠습니다
점점 깊어가는 어둠 속 집을 삼킬 듯합니다

당신은
—천태산 은행나무

서주영

당신은 한 권의 둥근 시집입니다
영국사 예불소리로 속살 채운
당신이라는 두터운 시집을 다 읽고 나면
봄마다 많은 귀 죄다 열어
들끓는 세상 얘기 묵묵히 들어주던 당신과
쩍쩍 갈라진 당신 폐부 속에
숱한 여름 동안 벼려 넣은 천둥과 벼락으로 인해
아직도 쩌렁쩌렁 이명으로 아픈 당신이
하늘 받치고도 의연한 까닭을 조금은 알 것 같습니다
당신 가슴속 깊은 곳에 새긴 무수한 나이테는
붓다의 깨달음 같은 천 년 경전입니다
그 경전 다 읽고 나면 날마다 무너지며 엄살떨던 나도
더 이상 무너지지 않을 걸 압니다
당신이 처음부터 나의 눈길을 끈 건 아니었으나
저만큼 나와의 거리에서 넌지시 바라보는 어느 가을날,
그윽한 당신의 시선은 영혼의 번뜩임처럼
날 강하게 끌어 당겼답니다
꼿꼿하고 묵묵한 자세로 지그시 굽어보는 당신에게서
무한하고도 결 고운 자비를 배웁니다
지금, 천 년 곰삭은 당신 속울음이
찬찬히 제게 들어와 실핏줄까지 타고 돕니다

귀뚜라미 한 마리

서지월

귀뚜라미 한 마리 길바닥에 쓰러져 죽어 있다
어디를 가다가 여기서 숨 거두었는지 아무도 모른다
죽은 자가 입을 열면 세상은 더욱 시끄러울 것이니
침묵하고 있나 보다
나들이 가다 기력이 다해 죽었는지
누가 그를 방해했는지 아무도 모른다
불행하게도 그의 죽음은
신문 방송에서도 보도 되지 않았다
귀뚜라미에게도 그가 남긴 가족이 있을 터
노상객사(路上客死)를 우습게 여기는 이 세상에는 이제
한 줄기 바람마저 불어들지 않는다

어머니의 감나무

서효륜

뒷마당에
여린 감나무 한 그루 심으시고
먼 길 떠나신 아버지
다섯 남매 떠안은 어머니의 눈물로
해마다 꽃은 피었고
나무 둥치는 둥근 나이테를 삼켰네

나무는 늙어
꽃 피우는 걸 잊었고
어머니는 늙어
말의 침묵을 잊어가며
세상을 버리는 세상 속으로
걸어 들어가고 계셨네

마른나무 등걸 토닥이는
빈손에 가득한 어머니의 세월
오라, 오라 손짓하는
아버지의 먼 사랑

나무는 나무를 부르고 있었네

나팔꽃

서　희

1.

세 개의 방에서 깨어나고 싶어요 둥근 그릇엔 씨앗이 잠자고 있어요 연초록잎은 잠자리 날개를 닮았네요 껍질을 찢고 땅 위로 올라가고 싶어요 겨울이 다가와 광합성을 할 수 없다나요? 마른 방에서 숨죽여 울어야 한대요 미동도 낳은 채 수분을 없애야 해요

2.

갈색 이불엔 소리가 없대요 최대한 휴면 상태가 돼야 해요 엄마 젖꼭지에서 쏟아지던 하얀 젖도 꿈꾸어선 안 돼요 자극을 가해선 안 된대요 겨울에 아이를 낳을 순 없잖아요? 봄이 오면 하초가 튼튼한 키 큰 아이 낳을 거에요

3.

몇 달 지나더니 하초뿐 아니라 겨드랑이도 가렵다나요 보여다오, 일렬종대로 서 있는 솜털 같은 세포를 바깥은 봄이 오나 봐요 허리가 가늘어 낭창낭창 그대 안고 올라가 자궁 속 나팔꽃 닮은 아이 하나 순산하고 싶어요

부처 오시다

설정환

아내는 된장국을 끓이다 말고
딸의 몸에 옷을 대보고는
이어서 코로 냄새 맡아 본다

옷에서 왜 구린내가 난데?
왜 새 옷이 그런데, 하면서
가슴이며 겨드랑이를 킁킁거린다
그러다가는 제 손을 냄새 맡아보고는
강아지 쥐구멍 뒤지듯 한다

내 손에 묻은 된장내였구만!

이를 지켜보던 큰딸아이가
입이 터져라 크고 환하게 웃는다
종이 터져라 맑고 푸르게 웃는다

새 옷 한 벌 사서
그대로 놓아두었다가
하룻밤을 재운 날 아침,

부처님 놀러 오시었다

로드킬

성태현

명석한 지구인들이
떠도는 행성의 속도와 각도를 계산하며
숨조차 내쉴 수 없는 외계로 발길을 내딛었다
은하의 물길은 점점 낮아져서
단단한 길이 열릴 것이라고 믿었다
1986년 1월 28일
허공으로 질주하던 우주왕복선 챌린저호가
사나운 짐승의 형상으로 폭발하고
탑승자들은 모두 숨을 거두었다
신의 영역을 침범한 무모한 도전이었다
2011년 여름,
짐승들이 밤새워 요리조리 닦아놓은
매끈한 오솔길이 뭉개지고
거칠게 깔아놓은 시커먼 아스팔트길
고라니 한 마리가 허리를 꺾은 채 죽어 있었다
그날, 경쾌하게 내달리던 관광버스가
수십 미터 낭떠러지로 굴러 떨어지고
인간과 짐승들은
서로의 눈빛과 발톱의 각도를 가늠하고 있었다
짐승의 길 위에서 무모한 살육이 시작되었다

네가 세상의 중심이다

손수진

아침가리
땅과
하늘
중심에
선
노란 금마타리야

태풍이 불던 날

손한옥

태풍이 은행을 비틀고 흔들었다
은행나무 아래를 지나가던 노인과 나의 머리에
은행이 돈벼락처럼 쏟아져 내렸다
노인과 나는 한마디 말도 나누지 않았다
쳐다볼 시간조차 없다
손놀림이 선풍기보다 빨랐다

세상은 공평했다
하나가 나쁘면 또 다른 하나는 좋은 세상 속
쏟아진 호박죽같이 질펀한 은행 껍질 속에 앉아
닭똥 같은 냄새 속에 앉아
태풍은 무서워도 은행알은 오지다

한 알도 남기지 않고 다 주워 담은 우리는
말없이 헤어졌다
슬슬 손등을 긁으며

한 시간 뒤, 바람이 다시 불고
산발한 바람을 헤치고
은행나무 밑으로 달려갔다
나무 아래는 바람보다 먼저 온 할머니가
은행보다 더 누른 이를 드러내고 웃으며
태풍처럼 휩쓸어 담은 노란 봉투를
탱탱하게 묶으며 일어나고 있었다

비경

손현숙

아무래도 길을 잃었나 봐요
수도 없이 들락거린 산길이지만
엉뚱한 방향으로 한참 와버린 것 같아요
계속 가야할지 돌아가야 할지
처음 맞닥뜨린 경치에 어리둥절했지만
비밀의 문이 활짝 열어젖혀진 듯
비경,
아마 지금쯤 몸이 지쳐
깔딱고개를 지나
상수리나무 곁을 지나쳐야 하는데
잘못 접어든 이 길,
예상하지 못한 각도로
당신이 내게 쳐들어왔을 때 그
난감함과 야릇함처럼
실수가 찾아낸 신천지였어요
그러니 당신,
겁내지 말고 몸 빼지 말고
아흐, 거기, 거기, 더 놀다가세요
그래요, 가끔 체위를 바꾸어서
더러는 길을 잃어 기쁠 때도 있지요

홀로 피고 함께 지다

송문헌

그 사연을 아는 이 누구일까
비 젖은 절집 구석지에 피어난 꽃
이파리 지고 나서야
꽃이 피는 전설,
염불소리
젖은 적막을 천막처럼 흔드는 뜨락
찢겨진 외등이 바람에 흔들리고,
사랑한다
잊을 수가 없다
수많은 염원 함께 지고 나서야
홀로 피는 너
넋꽃 상사화야

청솔모도 껌을 먹는다

송소영

저만치 길에 떨어진 아세로라향 껌 한 덩어리
웬 떡이냐 힘껏 달려가
누가 빼앗을까 덜컥 물었다
입 주변에 반쯤 붙어버린 그 놈은
아무리 뱉고 뗄려고 해도
수염과 주둥이 살에 달라붙어 대롱거릴 뿐
향내도 어느덧 머리 아프고
단물도 빠져
다른 먹이조차 제대로 찾아 먹을 수 없다
껌을 떼려고 그는 수염까지 뽑아가며
비명을 질러댔지만
결국 장애를 피하며 조금씩 먹는 법을 터득했다
그렇게 삭아 떨어질 날을 기다리며
고통스럽게 시간에 씻기다
제 몸의 일부가 되었다
이제는
보잘것없고 밉상스러운
길에 떨어진 증오 한 조각을 바라보면
그만큼 치열했던 삶이 그리워
눈물이 난다

남산의 동쪽

송시월

"수녀님 지금 뭐하세요"
"잡풀을 뽑지요"
"잡풀이란 뭐지요? 죄 없는 풀인데,
사람의 말 아닌가요?"
내 투명한 언어에 찔려
산책로 계단을 총총히 내려서는
그녀, 바람에 날리는 풀머리 어수선하게 엉킨다
남산의 동쪽
고만고만하게 누워 아침 햇살에 눈을 껌벅이는 초록들
뿌리 잘린 명아주 토끼풀 뱀딸기 까시랑풀
몇 밤 자고 나니 거뜬히 기지개 켠다
이슬눈 투명하게 굴리며
낯설면서 낯설지 않게 고화질화면으로
어깨동무하는 내 아이들
풀 풀 풀……

안식에 대하여

송정현

주인 잃은 강아지 한 마리
버려진 인형에게로 느리게 걸어간다
온기 없는 그가 위로가 될까
그래 너는 외로움을 즐기는 고독가,
누구에게나 함부로 안기지 않는다
지금 이 순간 네가 할 일은
거북의 껍질 속으로 들어가
강한 심장 하나 얻는 것
살아 있는 것들은 자꾸 얼음 조각을 닮는다
그러는 순간 너에겐 또 다른 모양의 아픔이
새움을 트게 될지도 모르지, 하지만
아픔은 자신의 몫,
그 안에 뿌리를 내려라
천 년을 견디어 낸 영국사 은행나무처럼
모퉁이의 끝에 곤한 잠이 하나 누워있다

산길을 조용조용

신경림

다람쥐가 놀랄라
산토기가 놀랄라
발걸음도 조용조용
말도 조용조용

뗏비둘기 놀랄라
산꿩이 놀랄라
노래도 조용조용
휘파람도 조용조용

멧돼지도 조용조용
노루도 조용조용
산딸나무 놀랄라
상수리나무 놀랄라

여치가 놀랄라
방아깨비 놀랄라
산울림도 조용조용
산길을 조용조용

고요

신덕룡

가지 끝에 매달려 있는 마른 잎도
한때는 새였던 거다
너무 높게 올라가 무거워진 몸
조용히 쉬고 있는 거다
허공과 맞닿은 자리에 연둣빛
새싹으로 태어나
세상 바깥으로 깃을 펴고 날던 꿈
곱게 접어 말리고 있는 거다
한여름의 열기로
속살까지 벌겋게 물들이던 꿈, 꾸는 건
가슴 안쪽에 돋는 가시를 품고 뒹구는 일
아득한 생(生)의 허기를 쥐고 흔드는 일
뼛속까지 비워서야 알았다는 듯
숨 고르고 있는 거다
물기 없는 노래로
풀어내고 있는 거다, 겨울 하늘에

채석강

신영연

바다가 웃자, 물결은 한결 부드러워진다
눈가에 주름을 만들었다가
말을 주거니 받거니 생략해도
그러냐고 그렇다고
마주치면 어깨를 들썩이며
시리도록 하얀 이를 내보인다

저마다 쏟아놓은 이 많은 문장을 엮느라
한밤내 철썩이는 몸짓을
누구도 읽지 못해 뒤엉킨 책들,
길게 길게 풀어내느라
갈매기는 사시사철 까마득한 높낮이로
저 끝에서 이 끝으로
바다를 한 장 한 장 넘기고 있는 것이다

사랑은 거기까지

신재식

멀리 돌아서 온 길이건만
이 사구(砂丘)의 발아래에서 더 이상 나아가지 못한다
믿었던 길의 배반이 아니라면
사랑은 거기까지일 수도 있겠다

어떤 이들은 또 덧없는 세월을 꼽아가며
희뿌연 바퀴자국 위로 지난 궤적을 어림해 보리
희망이란 고약한 천질(天疾)은
시간의 문틈으로 새어드는 희미한 달빛에도
굳었던 강물처럼 조금씩 뒤척이기 시작하고
부질없이 이 길 너머 어딘가의 유혹으로
이내 또 다른 길을 찾아 떠나리니
그대 물을 건널라치면
길 위에 눈물도 보이지 마라

아직도 내가 서 있는 이곳
배암이 지나간 강물 위로 늙은 까마귀 한 마리
새벽별을 닦아내고 있다

별

신형주

가슴에 별을 간직한 사람은

어둠 속에서 길을 잃지 않는다

소멸하는 빛 흐느끼고

별이 낡은 구두를 벗어 놓는다

절대고독, 허공에 한 획 긋는다

별을 삼킨 강 뒤척인다

가슴에서 별이 빠져나간 사람은

어둠 속에서 절벽을 만난다

농촌 아이의 달력

안도현

1월은 유리창에 낀 성에 긁는 달
2월은 저수지 얼음장 위에 돌 던지는 달
3월은 학교 담장 밑에서 햇볕 쬐는 달
4월은 앞산 진달래꽃 따 먹는 달
5월은 올챙이 뒷다리 나오는 것 지켜보는 달
6월은 아버지 종아리에 거머리가 붙는 달
7월은 매미 잡으러 감나무에 오르는 달
8월은 고추밭에 가기 싫은 달
9월은 방아깨비 허리 통통해지는 달
10월은 감나무 밑에서 홍시 조심해야 하는 달
11월은 엄마가 장롱에서 털장갑 꺼내는 달
12월은 눈사람 만들어놓고 발로 한번 차보는 달

풍류 3

안용산

보면 볼수록 점점 물들어가는
은행잎이었다

막 떨어질 것 같아
기다리다
지쳤을 때였다

바람이
노랗게 떨어졌다

떨어지는 바람을 물끄러미 바라보던 은행잎이
바람을 따라 떨어지고 있었다

비티재

안용태

돌아보니 창녕
내려보니 청도
오다가 보니 이곳까지 왔네
온 길 반 갈 길 반 비티재에서
부질없는 보따리 바윗돌에 내려놓고
한 아름 석양을 가슴에 안고 보니
한 많은 도라지꽃
속절없이 지고 있네

바닥을 보았다

안차애

묵은 텃밭에 푸성귀 씨앗을 넣기로 한다.
잦은 비와 무성한 잡초에 밭 꼴이 허물어진 지 한참이다.
경계가 흐려졌던 고랑에 깊게 삽을 꽂는다.
딱딱한 슬픔의 관절을 밀어내며 흙더미가 뒤집어진다.
한 몸인 그늘이, 동전의 한 면이었던 어둠이
앞쪽으로 확 쏠린다.
흙의 거칠고 붉은 속내가 드러난다.
나뒹구는 땅강아지, 토막 난 지렁이, 옴팡 허물어진 개미집……
한 삽
안쪽은 무섭게 싱그러운 야생이다.
오래 지긋이 눌려졌으므로 밑 심 단단해진,
바닥의 시간들이 빛나는 알몸으로 누워있다.
골은 골답게 랑은 랑답게……
일순 밭의 윤곽이 또렷이 살아난다.
가만히 첫눈을 뜨는
오랜 바닥을, 어둠을, 물기를
살살 버무려
둥근 씨앗 몇 줌 챙겨 넣을 것이다.

낙엽

양동숙

천천히 벚나무길을 걸었다

오른쪽 젖가슴을 툭, 친다

깜짝 놀라 고개 숙이니

잎 하나 몸을 훑고 떨어진다

누가 보낸 입술이었을까

나무에게 묻는다

양문규

나무에게 묻는다

저기 저 산처럼
하늘에 귀를 대고
가슴 미어질
소리 듣는 때 있는가?

다시 나무에게 묻는다

눈 내리고, 찬바람 부는 날
어두워져 가는,
검은 들녘 속으로 사라져간
네 그림자를
망연히 생각해 보는 때가 있는가?

문수전 가는 길

양선규

영동 황간 반야사 문수전 가는 길
생의 굴곡처럼 가파르고 험하다
한 발 한 발 내디딜 때마다
문수전 아래 절벽 아슬아슬하다

손을 잡아 주어야 오를 것 같은 등산로
밤나무 갈참나무 어이하고 손 내민다
그 손 잡아준 곳마다 반들해진 손자국
문수암 보살 이마처럼 환하다

나무 안에 누가 있다

양해기

나무가 흔들린다
나무 안에 누가 있다
그렇지 않고서야
저렇게 나무가 흔들릴 수는 없다

누가 내 곁을 떠나고 있다
그렇지 않고서야
저렇게 많은 나뭇잎들이
한꺼번에
나를 버릴 수는 없는 것이다

은행을 삼키다

양효숙

가루약만 넘기던 아들
목에 구충제가 걸렸다
침을 삼키며
연거푸 꼴깍댄다
삼켜삼켜

어머니의 돈을 삼킨 시누이가
은행을 내 놓는다
하루에
두 알
삼켜 삼켜

물 먹인 시누이

풍경 속으로

엄계옥

도원으로 망명을 꿈꾼 날
명치끝에 숨겨둔 골굴사를 꺼냈지요
화선지 위로 파르르 떠는 산몽화
구깃구깃 접혔다 펴진 길을 따라
골굴사 뜨락에 피어 올랐지요

산문에 섰던 진돗개
어슬렁 속세를 배웅하며 돌아서면
청춘의 한 낮 돌탑에 새기듯
목탁은 우렁우렁 제 빈 속 다독입니다
층층이 굴곡진 계단을 끌어안은 동백
누구보다 당신을 사랑했다나요

마애여래좌상이 그려놓은
한 폭 풍경화로 걸린 골굴사
도회로 삐져나온 다람쥐의 족적을
서둘러 봉인한 채
산허리 뼈마디 골—굴 문양들
제각각 환하게 내걸었습니다
참꽃 속에 살던 어린 부처
아장아장 입안에 들어
우주 밖을 배회하던 한나절이었습니다

꽃에 대한 관념

염창권

꽃이 핀다
피어나는 동작 자체가 유혹적이다

향기 속에서 내가 몽롱해질 때
그녀의 고무질도 약간 휘어진다
슬몃슬몃 바람이 스며들었을 때
그녀가 입술을 오므리면서 떨었던 것은
이파리와 줄기가 함께 이걸 느끼면서
진액 같은 수분이 배어나왔기 때문이다
최초의 긴장된 순간도 잠시,
꽃잎이 바람 앞에 펼쳐지면서
그만 꽃은 지기 시작한다

시간을 탓하지 마라
꽃으로 피어나면서 외부를 향해
스스로를 집중시키는 동물성의 시간은
이 정도면 충분하다

그녀의 씨방에는 이미,
시간의 낱알들이 그득하므로….

새

오대교

한 마리 새가
건물 안으로 들어왔다
다시 나가고 싶은지
발버둥을 치지만 어림없다
위로 날아오르다
천정에 머리를 부딪는가 하면
유리창을 향해 돌진하다
상처투성이가 된다
밖에선 좋아 보였던가 보다
들어와 보니 그게 아니었나 보다
스스로 갇혀 사는 바보도 많지
실수를 용서하지 말렴
나는 혼잣말을 하며
닫힌 창을 열기 시작했다

은행잎의 착지법

오승근

유회의 곡선으로 리듬을 채색하며
수채화에 휘호하는 노란 은행잎을 보라
저리 곡예적으로 발을 딛기까지
화려한 풍경이 없었겠느냐만
화풍난양 했던 만큼 착지기술도 일품이다
우듬지를 휘어잡고 추억을 채집하는
뭇사람들에게 고목의 기술을 전수하고 있다
한 가족 원추화서로 매달려 있다
운명의 기류를 타고 낙목한천 되었을 때
가풍의 세대가 새롭게 엇갈린다는 것
장엄한 산맥에 기대본 거목들은 알고 있다
생목의 가지에서 모정을 동화하며
샛노란 세상사로 청순하겠노라고
생의 우듬지를 향해 방류한 시간들
계류를 지나 강 하류로 굽이치는 동안
지평선은 강울음에 사납게 출렁거렸단다
곧 조수간만의 습성을 실감하리라며
거센 기류에도 가볍게 착지하는
은행잎의 숙련된 기술을 전수받아 왔단다
낙화휘필의 풍치림 같은 문장으로
당신의 원줄기에 피어 있던 순간들을
지금 천태산 기슭에서 낙송하고 있는 것이다

통일 돌개바람

오하룡

천태산 은행나무님,
비오니,
이 땅 천 년을 지키신 그 영력(靈力)으로
저 미국을 휩쓸고 다니는
그 무슨 돌개바람 같은 바람으로
잠시 태어나소서.

그리하여 비오니,
조금도 주저치 마시고
어디든 이 땅 통일을 방해하는 무리들
서성이는 자리 마당 쓸듯이
싹 쓸어버리고 이 자리 돌아오소서.
거듭 비오니.

몸의 말 1

원무현

물도 가끔은 유수(流水)에 각을 그린다
그럴 때마다 솟는 은사시나무는
강의 쉼 없는 흐름에 뿌리 닿은 수직이다
수평과 수직이 이루는 세계는
한없이 포근해
우듬지뿐 아니라
밑둥치까지도 새들의 거처가 된다
사내의 무릎에 누워 새들의 의자를 바라보는 여자는 지금
눈이 흔들의자처럼 평온하다

길도 더러는 방향을 틀어 모퉁이를 제공한다
길모퉁이가 지친 등짝의 휴식을 기억하며 가등(街燈)을 켜고 있다

강이든 길이든
흐르는 것들이 잠시 발을 빼 외곽을 세우는 것은
의자가 필요로 한 때를 아는 까닭이다

입술연지수선

유미애

도자기 항아리에 살던 수선, 얼굴이 사라졌다
호기심 많은 짐승 한 마리가 절정의 밤을 침범해
그녀의 입술을 훔치고 뺨으로 응결하던 꽃물을 엎지르고
강변여인숙으로 달려갔던 폭우의 밤
애인을 잃은 병사의 이야기를 들으며
당신 없는 밤을 보낸 적이 있다
바람 병사는 신에게 빼앗긴 여인의 무덤을 찾아
작은 도자기 속까지 흘러들었는지 모를 일
마침내 그녀는 물의 꽃으로 태어나고
바람은 신의 군대로부터 쫓겨나야 했으니
어느 꽃향기 짙은 날에는
물가를 떠도는 바람의 울음소리 거칠어지고
연인을 태운 말이 도착하기 전, 꽃은 지고 말았던 것
어느 날, 당신을 놓아주고도
내 입술이 연지수선처럼 타오른다면
당신이, 그곳으로 와 눈을 씻고 간다면

은행나무 자전초(自傳抄)

유순예

늙은 은행나무 한 그루
노란색 글자들로 얼룩진
낱낱의 협지들을 뜯어내고 있다
한 장 한 장 또 한 장……
구리도록 곰삭은
낱낱의 멍울들을 털어내고 있다
한 알 한 알, 또 한 알……

부닥칠 한기를 다스려야 할
바람, 바람부대의 목에
목도리를 둘러주는 것이다
당최 일어설 줄 모르는
바닥, 바닥의 장기에
환약 한 알씩 넣어주는 것이다

자서전이 될 대목만을 간추린
기록, 기록들을
찬찬히 지우는 중이다

제 몸 기우는 줄 모르고
주변부터 보살필 줄 아는
수행자, 수행자의
뒷모습이 유유자적하다

일방적 사랑

유승도

송홧가루 휘날려 숲이 부옇다
나는 아니라고 네가 찾는 것이 나는 아니라 해도
꽃가루 가루가루는 그래도 좋다네 다 좋다네

노랑말로 말한다

유안진

신문이 빈 벤치에 앉아 자꾸 손짓한다

가 앉아 펼쳐드니 은행잎들 떨어져 가린다

읽을 건 계절과 자연이지
시대나 세상이 아니라면서

됫박

유종인

어느 날 화단에 버려진 낡은 됫박 하날 주웠지요
모서리가 깨지고 옆구리가 터진 걸
겨우 철사로 옭아매 썼던 날도 한참인 듯했지요
나는 눈에 익은 이 옹색한 애물을 가만 주워 들었지요
사월의 화단은
야단을 맞고 쫓겨나온 꽃들의 주둥이가 댓발인데
허술한 됫박은 아직도 뱃구레가 홀쭉했지요
도둑고양이도 거들떠보지 않는 이 가난을
나무는 제 몸을 내줄 때 얼마나 마뜩치 않았을까요
그러나 사월의 됫박을 들고 오월의 꽃밭에 들어섰을 때
나는 이 낡은 오지랖도
볼우물이 터지도록 인심을 옮겨 담던 선량(善良)인 걸 떠올렸지요
허술하고 미욱한 대로
계절을 놓친 봄꽃들은 아직 이마가 뜨거웠기에
그 화사한 절명(絶命)을 고봉으로 주워 담아 반그늘에 부려주고요
어느 날은, 느닷없는 천뢰(天籟)의 말씀인 우박을 퍼 담아
겨울을 모르는 꽃밭 귀퉁이에 구메밥처럼 넣어주고요
연못의 금붕어들에게 천천히 녹여먹으라 생색을 냈지요
허술한 대로 이 몸 한 됫박한테도
여독이 생기는 뿌듯한 하루였지요

바람개비

유준화

바람개비를 만들자
동구 밖에다 솟대처럼 목이 길지만
노랑 빨강 보랏빛 작은 동그라미 그리는
파랑 신호등 같은
일곱빛 등불을 길목에 켜자
여름 날 따가운 볕 슬픔에 젖을 때까지
온종일 발걸음소리 들리지 않는 오솔길
먼 길 찾아올 그대를 위해
황토 깔고 비질을 하고
바람개비를 돌리자
채송화, 백일홍, 패랭이꽃, 나팔꽃
모두 오시게 하여
작은 정원 그늘에다 돗자리 곱게 펴고
매미소리 친구 삼아
까르르 까르르 시원하게 웃어재끼게
가슴에 바람개비를 돌리자

천태산 과부 은행나무

유진택

영국사 앞에는 늙고 못생긴 과부가 산다
천수를 넘긴 나이에도 허리 꼿꼿하다
세찬 폭풍에도 끄떡없지만 그 폭풍이 힘을 키웠나
천 년을 거슬러 온 길이
과부의 몸속에 울퉁불퉁 살집으로 쟁여져 있다
절간의 염불과 목탁소리에 귀 기울이며
부처 하나만을 믿고 살아왔지만
천 년이란 세월도 불타는 그리움 막아내지 못했다
그리움도 씨가 되는 것인지
천태산 너머 어느 놈 있어
남모르게 씨받이를 하였는가
몸은 늙어도 애기집은 여전해서
머리통 반지르르한 옥동자들 숨 막히게 낳아놓았다
은행잎 황금빛으로 물들면
벼랑 끝에서 몸을 날리듯
속절없이 질긴 연을 끊고 마는 옥동자들,
한세월 썩고 문드러진 살집 속에는
하나같이 딱딱한 염주알이 들어 있다
남몰래 저지른 부정이 죄가 된 것일까
발치 아래로 은행잎들 회한의 눈물처럼
주르르 쏟아지던 저녁,
영국사 스님들 말없이 염주알을 굴린다
과부 은행나무의 죄를 비는 듯
경내의 독경소리 구슬프다

꽃그늘

유현숙

숲에서 생채 냄새가 난다
오동나무는 뿌리를 뻗어 땅속 물을 퍼 올리고
허공에다 보랏빛 꽃들을 내다 건다, 그렇게
자서(自序)를 쓴다

오동나무 아래에 보랏빛 그늘이 깔리듯
그 그늘 아래로 물소리 흘러가듯
심심한 소금쟁이가 물바닥에다 발자국을 찍듯
그때 내가 발자국 찍히는 수면이 되듯

내 어깨와 손등과 발등에 묻은 이슬을 털어서 길게 길게 꽃 피는
내력을 쓴다

오늘은 관음사 안마당에 햇살이 일찍 닿고
나는 조용해져서 두 손을 포개고 앉아
오동꽃빛으로 물드는 풍경을 바라본다

어떤 사람이
이 풍경 한 책(冊)을 얻기 위하여 아침부터 말갛게 눈을 씻는지

영국사 똥낭구

윤남석

뭔 이유로 부처님을 태우는거요?
법당의 목불 꺼내 불 지피는 단하(丹霞)
사리가 안 나올 바에야 나무토막일 뿐이니,
뭐 그리 잘못된 일도 아니지 않소?*

아뿔싸,

찬바람머리, 큼 큼 큼
새털구름 머리채를 움켜쥐고 여지없이
축축한 음부 비틀어대던 똥낭구
얼굴이 화끈,

밑 닦을 새도 없이 엉거주춤
아랫도리 끌어올리고 나서
천 년 넘게 빌려 쓴 바람 한 움큼 떠
급히 구린내 휘젓는다

* 「단하소불(丹霞燒佛)」 이야기에서 빌려옴

나무성자

윤문자

그는 나무이면서

헌혈성자 고로쇠나무이다

사람들은 해마다

나무의 생체에 구멍을 내고

그의 물관부리 혈관에

링거호스를 잇대어

줄줄이, 생혈을 받아가니

그는 헌혈성자

오! 오! 독생성자 그분 같다

경배

윤임수

안성 칠현산 참나무 숲길
그 단풍 고운 것 미리 알고
노란 듯 불그레한 웃음 한 자락
풋풋한 벌레께서 떼어가셨다

누가 감히
벌레 같은 놈이라고 욕을 하는가
사각사각 길게 숨죽이는
그 은밀한 사랑도 알지 못하면서,

너구동의 가을

윤정구

구일박이 팥중이 녀석이
먹다래나무 우거진 계곡을 오르며
타르르르 장난을 친다

먹다래나무 그늘에서
뜨겁게 껴안고 있는 사마귀 한 쌍을
겁도 없이 먹다래로 놀리고 있다

(아니 요 맹랑한 놈 보게)
화가 난 사마귀가 낫을 쳐들었다
와드득 어금니에 힘을 주었다

입안에서 햇머루가 터졌다
시커먼 사마귀 입술 사이로
새까만 피가 새어 나왔다

(꽥 드라큘라다)
기겁을 한 팥중이가
도망가다 절벽으로 떨어진다

타르르르르 타르르르
사방으로 연발총을 쏘아대며
팥배나무숲으로 날아가 숨는다

새

윤중목

누우런 흙냄새에 취해서
서투른 갈퀴걸음으로
온종일 갈대밭을 서성이다가
두고 온 하늘이 못내 그리워

은색빛깔 부리를 저어
노을 위로 사뿐 날아오르면
욱신거리는 뭍의 기억들은
갯바람에 말갛게 다 씻기고

오직 익숙한 날갯짓으로
무거운 육신 가벼워지는
비로소,
새가 되어 새가 되어

은행나무 선승

이가을

1359년 홍건적의 난을 피해 공민왕이 나라의 안녕을 빌었다는 영국사에 갔다가 은행나무를 보았다. 홍살문 지나 좁다란 논길 지나서 영국사, 노란 은행잎들 바람 불러와 나무에 기록된 전란의 역사를 경을 외듯 읽어나갔다. 오랜 세월 피로의 기색 없이 나무의 몸통이 깊고 수려하였다. 수좌승으로 앉았을 천 년의 은행나무는 달빛 흐르듯 세월 교교히 흘려보내더니 천 살의 거목이 되었다. 수행 깊어지고 마음의 지경을 넓혀가더니 법어 읊는 예불소리를 내었다.

새벽 3시 30분마다 예불을 듣고 사방으로 뻗어가려는 마음 안으로 들이며 오래 법어를 새겼을 것이다. 마음 움직이지 않아도 소리 내는 법, 아는 거목의 천 년 좌불 수행이 아니겠나.

예불 드리러 안거의 문 은행나무 열고 어린 수좌승이 들어간다. 풀어야 할 법어 걸망에 담아 어깨에 짊어지고 있다.

은행나무의 법어를 듣는 게 수좌승뿐일까. 논둑 좁은 길에 좌정한 들꽃들, 부처님 손바닥 같은 연못에 수련이 올라왔다. 먼 데서 새소리, 와글와글 개구리 울음소리 들리던 것, 마음 눈 뜬 깨달음 첫 소리 아닐는지.

은행나무 선승 자비의 설법 듣는 천 년의 하루 오후의 한때.

풍로초

이강산

눈이 오려는가.
새벽, 장독 뚜껑이 까맣다.

낙엽을 밟고 와서 나는 밤새 눈을 기다리는데 꽃이 핀다.
꽃잎 따서 장독 뚜껑에 올려놓으면 그대로 첫눈일 꽃이 핀다.

아랫목인 듯 목 쉰 짐승들 몰려드는 뒤꼍
담 너머 집 봉창이 붉어진다.

이 밤 먼 길 걸어온 누군가의 장독대에
첫눈이 쌓이나 보다.

억새꽃

이경철

버리잔다
다 버리잔다
잊잔다
언뜻, 인연인 것들
다 잊어버리잔다

그런 것이더냐
바람과 햇살, 가을인 너는
몸 채로 환하게 출렁이며
훌훌 털어버리잔 것이더냐

너와
난
선 채로
눈 시린 그리움만
하얗게 흔들잔 것이더냐

단풍 구경

이규원

현대자동차 정문
붉은 조끼에 붉은 머리띠를 맨
비정규직 조합원들이
줄지어 앉아 집회 중이다
이파리가 우수수 떨어져 날리는
은행나무 밑으로
찰랑이는 방어진 아침 바다
금빛 파도에 발을 담그고
전경들이 우두커니 서 있다
모든 출입문은 봉쇄됐다
빵빵이 도는 납품차들
꽉 막힌 도로
민방위 훈련 공습경보 사이렌소리
한참 단풍이 좋은 시절에
도로 한복판에 차를 주차한 채
단풍 지는 것을 본다

나무에게 길을 묻는다

이달균

오랜 갈증으로 잠이 깨었어.
집들은 떠나가고 옷깃 여민 나무들뿐이었어.
땅 밑에선가 나무의 밑둥치에선가
밤짐승들의 오줌소리 같은 물소리가 들려왔어.
유심히 그 소리의 진원을 따라가 보았어……
이런, 이 밤에도 부름켜를 타고
맹렬히 삼투하는 성장의 푸른 물줄기가 있었다니.

나무는 열려 있었어.
정적의 숲 속엔
세상을 관통하는 그 무엇이 있었어.
먼저 깨치고
먼저 길 떠나는 자여.
내게 길을 보여다오. 길을 보여다오.

오늘, 내 나이만큼의
나이테를 가질 수만 있다면
누가 나를 베어 눕힌들 어떠리.
치통으로 하얀 밤의 신경을 건드리며
나무에 기대어 길을 묻는다.
언 땅 언 시간의 길을 묻는다.

나무의 영혼

이대흠

집을 새로 지으면서
나보다 더 오래 산 장두감나무를 베어버렸다
너무 큰 나무는 사람의 기운을 뺏는다는 말도 있었다
그 나무의 검은 구멍 속에 귀신이 산다는 생각을 한 적도 있었다
다만 여린 벌레들만 신의 모습으로 기어 다녔던 구멍
나무가 사라질 때 대뜸 허공이 들어오려 했지만
나무가 있던 자리를 차지하지는 못했다
삼 년이 지나도록
나무가 서 있던 동쪽을 바라보면
허공 대신 어떤 따스한 기운이 옹송그리고 있는 게 보였다

기러기에 관한 추억

이덕주

양 날개 길게 펼치면 배경은 아득한 허공이었는데

부리를 곧추세우면 먼 곳을 본다는 것이었는데

꼬리 서로 닿지 않을 만큼 대오를 정렬하고

점선으로 밑줄 그으면, 행간이 터지고

붓끝이 만드는 공간에 갇혔는데

떼 지어 날아오른 강물만 서럽게 푸르렀는데

병풍 속 강이 얼면, 다시 겨울이었는데

어느새 할머니의 기일(忌日)이었는데

추억의 지도
―영국사에 길을 묻다

이미란

이 거리에 너무 오래 서 있었다
흐린 마음은 가방 속 먼지처럼 궁핍했고
타락천사처럼 몽롱한 눈과 귀는 투박했으며
흘러간 날들은 모스부호의 전류처럼 냉정했다

구부러진 도시의 길모퉁이 불빛 속에는
일 년 전에 만났던 영국사 은행나무가
천 년보다 깊은 주름의 세월을 펄럭이며
환생의 기지개를 켜고 웃고 있다

11월의 오솔길을 적시던 그날의 발자국은
겨울부터 여름까지 소식 한 장 없는데
가을은 다시 천태산 넓은 언덕을 물들이고
남으로 깊어가는 붉은 단풍의 기차표를 타고
천 년의 나른한 햇살과 마당을 찾아간다

감잎 편지

이미령

하늘 파아란 가을 한낮 멀리 감 익어가는 소리에 엄마 생각이 나요. 들일 마치고 돌아오시는 엄마 손에 빛깔 고운 단풍잎과 은행잎, 감잎이 자주 들려 있었지요. 덕분에 어린 시절 제 책갈피마다 어여쁜 꽃잎들이 꿈을 꾸고 그 꿈을 따라 저도 붉고 노란 꿈을 꾸기도 했었고요. 어느 한 해 원피스 사 달라는 절 달래느라 만들어주신 감꽃 목걸이, 지천명을 바라보는 나이에도 살며시 가슴에서 끄집어내어 목에 걸어 본답니다. 감이 익어갈수록 그리움도 깊어만 가요. 감꽃 닮으신 엄마, 늦가을에 남장사 감잎 지는 소리 들으러 함께 가요. 사르락, 발밑에 떨어진 감잎을 밟으면 해질녘 노을빛 얼굴로 들에서 돌아오시던 엄마의 발걸음소리도 들을 수 있을 테니까요.

여차꼴로

이민영

날은 푹푹 찐디
징상스럽게 운다
뺙쪼시~ 폭쪼시~

주댕이를 째매 불까
우차쎄쓰까

논수발에 지까심
몽근 거 쓸 때 싸리 비찌락
"매미는 아는 것이다.
사랑이란, 이렇게
한사코 너의 옆에 붙어서
뜨겁게 우는 것임을
울지 않으면 보이지 않기 때문에
—안도현, 「사랑」 중" 그렇게 나도

여차꼴로
뺙쪼시~
폭쪼시~

천태산 은행나무

이사랑

모 제약회사는
은행 잎사귀를 약으로 쓰는데
내 눈에는 은행이 돈으로 보이니
한 포대만 주워 팔면 책 한 권은 사고도 남겠다

천태산 은행나무 아래 오면
늙은 선생의 말씀이 들린다

"사람들은 모두 쓸데 있는 것의 쓰임을 알지만
쓸데없는 것의 쓰임은 아무도 알지 못하는 도다." *

말은 뒤집어 읽으면 바른말이 되고
사람다운 사람은 냄새를 맡아보면 안다

흐음! 천 년 묶은 저 똥 냄새

이렇게나 많은 사람들이 찾아와
계곡물처럼 흐르며 탐독하고 있는
고전 한 권, 그대도 읽어 보시라

천태산이 모시고 있는 성인을

* 공자가 초나라로 갔을 때 초광 접여가 객사 문 앞을 지나가면서 부른 노래의 마지막 구절―『장자』

몽환

이상규

의금부 뜰에서 추국을 받던
강이천이
장살에 해어지고 터진
핏물에 짓이겨진 볼기짝
드러낸 채
오늘밤 나를 찾아왔다.
발목까지 내려간 바짓가랑이를
올리지 않은 산발한 모습으로
그는 천천히 불량한
세상의 변화를 꿈꾸는
나를 찾아왔다.

불확실한 제도의 틀에
갇혀 잃어버린
이 세상 사람들의 상상력.
인륜, 도덕, 덕목이라는 빈틈없는 격자를
결코 허물지 못한 강이천은
내 침대 곁에 누워 숨을 거두었다.

손에 쥔 천주님 묵주가 핏물에 젖어 있었다.
눈물에 젖은 몽환의 밤은
무척 짧았다.
아침 여명, 보랏빛 안개가 되어 서서히
퍼져가면서 밝은 아침이 찾아왔다.

그의 꿈
불량했던 상상력은 많은 시간이
흘러 비로소 꽃으로 피어났다.

은행나무 기지국

이상인

여행 중인 가을이
노란 기지국 한 채를 세웠다.
쭈뼛쭈뼛 귀를 세운 안테나들이
세심하게 수신한 우주의 소식들,
팔랑팔랑 머리 흰 바람을 타고
한 잎 두 잎 곳곳으로 배달된다.
그 궁금한 소식 하나
손바닥에 올려놓는다.

　기다림이 너무나 길었어요
　다음 별에 먼저 가서 기다릴게요
　다음 생(生)에는 우리 함께 물들어 흔들려요

내 온몸에 촘촘히 꽂히는 수신음,
잡음 없는 청명한 목소리가
우뚝 솟은 노란 기지국을 통해
찌릿찌릿 전해져 온다.

카멜리아

이 선

카멜리아 언덕을 걷는다
살바람 받아먹고
빨갛게 상기된 볼때기
건드리면 새빨간 피
왈칵 쏟아낼 듯
꽉 앙다문 꽃봉오리
차마 눈부셔
바라볼 수 없는
저 산드러진 자태
무슨 사연인지
서둘러 떨어져
물 위에 동동
치마폭 펼쳐놓은
겨울의 여왕 카멜리아
아득히 먼 옛날
절개 곧은 여인의 넋이던가
떨어져도 매무새 흩어지지 않고
다소곳이 송이째 엎딘
요절한 청상이다

허수아비

이성웅

황금빛 들녘이 술렁거리면
논두렁 사이로 트인
내 삶의 여백 한구석
메뚜기 한철인 양 마구 뛴다

훼이 훼이
새 쫓던 손도 내려놓고
꿈에 젖는 밤이면
쌀 익는 냄새 모락모락 피어오르고
눈칫밥 먹던 참새마냥
스치는 갈바람 한 점에도
가슴 덜컹거린다

홑옷 하나 걸친 채
온전히 비우고 서서
거친 비바람 묵음으로 받아내며
하얗게 지샌 고독한 밤

이 들녘 잿빛으로 드러 누우면
모두 돌아갈 채비를 한다
밀짚모자 하나 챙기지 못한 채
새들이 떠난 길을 따라
흔적 없이 떠나면 그만이다

은행나무

이소리

저어기~ 저것 좀 보아
속세를 떠난 수만 금빛 부처가
하늘에 대롱대롱 매달려 떨고 있네
샛노란 빛 찬란하게 내뿜는 분은
미륵부처요
샛노란 빛 거두며 갈빛으로 떨어지는 분은
지장보살이요
마악 푸른 빛 감추고 있는 분은
관세음보살 아닌가
저어기~ 저것 좀 보아
속세로 돌아온 수만 미륵부처가 땅으로 내려와
마구 뒹구네

누군가 잠시 다녀갔죠

이수진

내가 도착했을 때 하필 그 자리 하나가 비어 있었죠

그때 그 앞에 쌍꺼풀 얇은 당신이 앉아 있지 않았더라면, 앉았더라도 우리 언제 본 적 있지요? 그게 어디였더라? 당신이 그 흰말만 흘리지 않았더라면, 아니 내가 어디에 내려놓아야 좋을지 모르겠던 시선 오래 창가에 세워두지 않았더라면, 아님 기억에 없는데요 한마디만 싸늘히 당신에게 던졌더라면, 그도 아니면 사람 잘못 봤는데요 하곤 젓가락 떨어뜨리지 않았더라면, 연신 들이키는 찬물에 내 몸 부어버리지 않았더라면, 아니, 아니 그보다 적어도 당신, 새까맣게 곱은 눈썹이, 소리 죽여 웃는 모습이 꼭 우는 것 같던 그 표정이, 죽은 내 애인과 닮지만 않았더라면……,

그땐 그게 그렇게 안 되데요

화엄(華嚴)의 노을

이수행

온
몸
물어뜯으며
사랑한다는 것이다

불
같은 가슴 하나 만나
온 강물
핏빛이다

보아라
저 필사의 숨소리
화염(火焰) 속의 정사(情事)
…일체(一體)의 화엄을

돌을 깨는 상수리나무

이숙이

어둡고 차가운 냉대와 고독 속에
그 여자는 아비 어미도 없이
눈뜨자마자 돌밭에 버려졌다
그것도 보금자리라고 아무렇게나 불어오는
세상의 바람 속 흙먼지로 연명했다
압살할 듯 험상궂게 버티고 앉은 돌 틈에서
그녀는 안간힘을 쓰며 일어선다
뿌리를 좀 더 분명히 박아야 살아갈 수 있는 것
마침내 비좁은 틈새를 찾아 사생결단으로 목마름을 뚫고
물과 흙에 닿는다
두 손을 뒤로 묶고 낭떠러지로 뛰어내리듯
제 뿌리를 키우며 자꾸 몸통을 조여 붙인다
돌들이 조금씩 금 가기 시작하고
끝내는 비수를 꺼내 깊이깊이 박는다
언젠가는 튼실한 뿌리 실하게 묻고
많은 열매와 무성한 잎을 자랑하리라
뼈대 있는 가문과 성공한 자신의 위엄을
그녀는 드넓은 허공에 높이 높이 못 박으리라

남한강 돌밭의 상수리나무

초여름

이순영

사방공사 가시는 아버지를 따라가 심은
아카시아나무들 골골이 꽃을 피웠다
병모가지봉 온통 하얗다

새방골 물탕골 갈가실재
어린 시절 헐벗은 민둥산이었다
봄이면 부역으로 품팔이로
아카시아나무 옷을 입혔다

십장 아저씨 재건복 팔에 완장 두르고
등성이를 날다람쥐처럼 뛰어다녔는데
아버지도 아저씨도 이제는 저 산
울울창창 그늘에 쉬고 계신다

둥그리 둥그리 맘대로 흘러내린
산 아래 첫 동네 강 씨 어른 꿀벌통 넘치겠다
올해도 아카시아 섬 꿀깨나 뜨겠다

은행나무에게

이순주

너에게 나를 묻곤 한다
안녕하신가,
너의 일상은 지하에서 물을 길어 올려
분수처럼 뿜어낸다
새들을 끌어들인
너의 언어는 지금 소란스럽다
가을까지 끊임없는 햇빛의 공세에
알알이 침묵으로 대응한다
묵언은 허공에서 익어가고
태양은 작열한다
너는 나를 위해 펼쳐졌다
펼쳐왔고 펼쳐지고 펼쳐질……
여기는 양산 속 마을
나는 그늘을 쓴다
너로 인해
내 프린트기의 초록이 바닥났다

의처증

이승진

늘 내버려 두었는데
분명 멀리 떨어져 있는데
두 손 잡는 시늉도 본 적 없는데
은행나무는 언제 수두룩 빽빽 임신을 했다.

이것들 내가 모르는 낯선 도시 혹은
눈부시게 캄캄한 저 바람 속 어디
은행나무 모텔을 수두룩 빽빽 드나들곤 했었구나.

목련꽃

이애란

목련꽃 피었다
생후 삼일 된
어미젖 봉오리
초유로 부푼 젖샘이다

햇살, 목련 젖꼭지 빨다
유선 이어진 봄꽃들
입맛 다시며
쪽, 쪽 피어난다

곰팡이

이애리

꽃 아니라고 기죽지 마라
눅눅한 습지를 지탱해온 그늘과
불임의 시간들 뭉쳐 촘촘히도 피었구나

너를 다녀간 세상의 모든 음지가
다 독이 되는 것은 아니라고 믿는다
만지기만 해도 세균 번지고 마는 것은
저 불온한 사람의 손길이지
이어지는 혐의들

그리운 체온 감지하며 늑골 아래서
저토록 푸르게 꽃이 될 수 있으니
내 스러져 썩은 후에도 다시
이녁의 한 줌 허리에 깐깐한 꽃으로
피어날 수 있을까

산수유 열매가, 툭

이영식

산수유는 가지를 흔들지 않는다
바람에 놓인 나무가 알알이
호명할 때 기다릴 뿐 저 혼자
길을 가지 않는다

새들 떠나고 물소리 깊어지는 날
세상 먼지 떨구지 못하고 걸음 옮길 때
툭— 누군가 내 어깨를 친다
바늘 한 움큼 집어삼킨 겨울 산
산수유나무가 작고 가벼운 몸짓으로
알 붉은 열매를 떨어내는 것이다

잠언 알갱이 몇 개 눈 속에 박혀 있다
언 뿌리 발치에 떨어진 나무사리
가슴에 주워 넣으니 온몸이 따뜻하다
어디선가 바람경(經) 읽는 소리
은자(隱者)의 숲이 환하다

가을 숲
—갱년기

이영애

찬바람이
산비탈을 내려오고 있다
유황 냄새
성냥개비 하나 불을 붙였나
벌겋게 타오르는 산

지나가는 비가 옷깃을 적시고
뭉쳐 있던 안개 가슴을 풀어 놓으면
정들었던 철새들은 날아가고
하나 둘 심장을 드러내는 숲

붉은 바람은 휘휘 불어오고
조심스레 서걱이는 잎맥,
나무가 흔들리며
녹슨 관절들이 삐걱거린다

나무의 등걸 속에는
몇 해의 고요가 숨 쉬고 있을까
몸이 한해를 넘길 때마다 푸석푸석하다

생각이 뒹굴다 흩어지는 숲 속의 길목으로
새들이 허공을 점, 점, 찍고 날아간다
지저귀는 소리 들리지 않은 텅 빈 가지

아카시아꽃 피면

이영혜

아기 분 하얀 향내 밀려온다

내게서 지워진 아이들이
조막손으로 바람을 부채질하고 있는 거다

움텄던 싹들 파내고 난 후
작별인사처럼 코끝으로 넘어오던
마취약 싸한 냄새

크지 않는 기억 속의 아이들
흰 젖을 몽글몽글 게워내며
아카시아 나무 안에 숨어
일 년을 돌아온 안부를 날려 보낸다
괜찮아요 괜찮아요 손사래 치며
아린 위로(慰勞) 밀어 보낸다

내 빈 둥지 가득히
아기 분 잊혀진 냄새 차오른다

가깝지만 먼 거리

이 옥

길 같은 사람이 있다
길에서 일을 하고 길에서 잠을 잔다

그의 옷은 바람을 닮아 너덜거리고
얼굴표정은 제법 여유로워 보이지만
그의 뒷모습은 늘 쓸쓸하다

평생 가족을 위해
길을 나선 그가
언제부턴가 아내와 자식을 낯설어한다

아직 못가본 길이 많아 다행이라는
가깝지만 먼 것이
수평선만은 아니라고

오늘도 길 위에 차를 세우고
저녁 9시 뉴스를 듣는다

족필(足筆)

이원규

노숙자 아니고선 함부로
저 풀꽃을 넘볼 수 없으리

바람 불면
투명한 바람의 이불을 덮고
꽃이 피면 파르르
꽃잎 위에 무정처의 숙박계를 쓰는

세상 도처의 저 꽃들은
슬픈 나의 여인숙

걸어서
만 리 길을 가본 자만이
겨우 알 수 있으리
발바닥이 곧 날개이자

한 자루 필생의 붓이었다는 것을

전생(全生)의 모습

이윤학

작년에 자란 갈대
새로 자란 갈대 사이에 끼여 있다

작년에 자란 갈대
껍질이 벗기고
꺾일 때까지
삭을 때까지
새로 자라는 갈대

전생의 기억이 떠오를 때까지
곁에 있어주는 전생의 모습

딱새와 물푸레나무

이윤훈

지나는 바람이 살짝 딱새 하나 물푸레나무 가지에 내려놓더니

딱새물풀레나무이다가 물푸레나무딱새이다가

딱새 훌쩍 눈부신 햇빛 속에 지워지고 물푸레나무 가지 가벼이 흔들리고

딱새 날아간 자리 여전히 딱새 하나 빈자리로 남아 있다

저 석양!

이은봉

만추의 들판 가득 채우며 쏟아져 내리는
저 석양, 탱자빛 노을만으로도
마을 뒤편 대나무숲은 자란다
우물가 텃밭 고추들은 익는다

대지의 마음 촉촉이 적시며 퍼져 내리는
저 석양, 삼베빛 노을만으로도
고향집 저녁밥 짓는 연기 피어오른다
온종일 재재대던 참새들 귀가를 서둔다

울바자 아래로 뛰어내리는 단풍잎처럼
함부로 나뒹굴고 있는 석양이여
뼈만 남은 앞다리 푹푹 꺾어가며
논두렁 터벅거리고 있는 노을이여

부지깽이로 문지방 두드리며 밀려오는
저 석양, 볏짚빛 노을만으로도
벌떡 일어난 당신 먼 사막 길 걷고 있다
곳간마다 볏가마니 차곡차곡 쌓이고 있다

그리움을 접으며

이인숙

그대 멀고 먼
그곳에 이제 도착했는가
한 주름, 한 주름
나는 여태
그리움을 접고 있는데

봄 강 건너온
초롱 눈빛 새 한 마리
말없이 빈 가지에 앉네
눈 뜬 채 한 천 년
그렇게 앉아 있을 참인가 보네

허나 가지 물관마다 흐르는
죽음의 수액
저 깜깜한 망각의 징후를
나 어찌해야 하는가

못내 겨운 슬픔을
날마다 몸 흔들어 떨치며
선 자리에 발 묶여 걸어 나가지 못하는
속 빈 나무 한 그루

참, 나무 나라

이재무

다인종 나라 달동네 주민들처럼
참나무에는 종 다른 생명들 엇섞여 살고 있다
자잘한 분쟁과 소소한 분란 끊이지 않으나
송사가 없는 푸른 나라 벌레 주민들은
선거를 치르지 않아 위원 없고 남용 없고 횡령이 없다
지붕 없는 노천 학교에서 생활 배우고 익힌다
국방, 납세 의무는 없어도 근로 의무는 있어
자신의 끼니는 자신의 노동으로 해결한다
잉여와 투기 뉴타운과 재개발이 없는
참, 나무 나라 우듬지 구름 정거장엔 구름 차들
수시로 들락거리며 먼 이방의 소식 물어다 주기도 한다
주민들은 외지에서 날아와
감언이설 지저귀며 호시탐탐 목숨 노리는 새들이 무섭다
나무 밑동에 전기 톱날 대지 마라
한 참나무는 하나의 국가다

바람을 키우다

이정원

산길 고욤나무가
말라비틀어진 젖꼭지를 매달고 있다
흔들흔들 누군가를 달래고 있다
가만 보니
바람에게 젖을 물리고 있다
마지막 한 방울까지 다 짜냈는지
쪼그라든 꼭지가 까맣다

까매질수록 바람은
바위만 하다가 집채만 하다가
산만큼 커져서 산을 흔들어댄다

고욤나무가 바람을 키운다

무명 시인

이종섭

우크라이나에는 6명만 사용하는 언어가 있다 인도네시아에는 4명만 사용하는 언어가 있다
그들이 죽으면 지상에서 완전히 사라질 언어들

지금도 몇 명만 아는 시가 있다 혼자만 아는 시가 있다

얼굴

이주희

잎이 성하면 꽃이 부실한 법이라기에 전정가위를 들었다

어느 틈에 임신한 걸까, 콩알만한 봉오리를 잔뜩 달고 있었다

입덧에 시달리며 열 달을 견뎌야 하는 얼굴

나는 열매도 달지 못하는 동백의 도장지를 자를 수 없었다

늦가을 II

이창하

늦가을이 거리의 은행나무 속으로 들어왔다
누렇게 구운 돼지 껍질들은 자꾸만 바람에 감겨왔고
그럴 때마다
겁탈 당한 가로수들은 연거푸 붉은 바람을 퍼마시고 있었다
서쪽으로
뚝뚝 떨어지는 저 선혈들
누이의 처녀가 그렇게 흘러가고 있었다

한동안 동안거를 준비해야 할 때
때때로
젊은 비구니의 슬픈 울음이 허공을 가른다
이젠 요란한 장신구를 벗어야 할 때
머지않아 다가올
험난한 세월에 거추장스럽다

누른 돼지 껍질과 한 잔의 바람이 속을 울렁거리게 하는 늦은 오후가
붉게 물들어간다

적멸에 들다

이현서

비 개인 남산 길
숨 거둔 지렁이들 길게 줄지어 있다
단 한 번의 눈부신 환생을 꿈꾸다
보도블록에 덥석 포박당한 채
비명조차 삼킨 굴욕 널브러져 있다
땅속 어둠을 빼끔거리며
맨몸으로 기어 다녔을 서러운 몸통들
마디마디 물기를 거두고 있다
무량한 햇빛의 파장 어디쯤
하늘로 가는 길 있을까
죽음의 냄새를 맡고 몰려온
개미떼에게 공양되는 한 채의 소슬한 사원
적멸에 들고 있다
바람과 햇빛의 세례에
무너진 꿈의 지문이
아득한 시간의 물살에 닳는다
하관을 하듯
때죽나무 꽃그늘이 슬쩍 눅눅한 슬픔을 덮고 있다

산수국

이현옥

당신은 차갑다*
숨 막힐 듯 천 개의
꽃으로 피어

뒤척이다 멍들어
눈은 차가워도
손은 차지 않은 천수관음보살

눈먼 사랑
가슴 헌 상처
천 개의 손으로 쓰다듬어

* 산수국 꽃말

자작나무가 말하기까지

이현지

휘어져 오른 침묵 위로
햇빛 한 장 내어다 깔고

돌아선 산자락 끌어당겨
하얗게 야윈 볼을 부빈다

팽팽하게 부푼 제살을 툭툭 터트리며
밤새 오른 신열 몸으로 말하는,

메마른 마음에 물길 닿아
해진 살갗 꿰매줄 그때를 기다리는
살풀이의 나지막한 그, 안으로의 몸짓

비단을 가르듯 내 안을 밀고 들어와
잠든 어둠을 깨우며
깊숙이 뿌리 내리는 자작나무

한 꽃송이

이현채

초록으로 물든 숲, 숲으로 가요
꽃들은 우리가 가는 길을 따라, 푸드득
날아오르고
호위병을 붙여 주었지요

죽음이 두렵지 않을 만큼 소중한
당신 없는 숲을
살아가는 것보다는 차라리
죽음을 택하겠어요

새가 되고 바람이 되고 무작정
공중을 떠돌겠어요
아무 소리도 들리지 않고 들을 수 없으며
보이지조차 않는 숲은
빛의 바깥입니다

바람도 없는 정적만이 천천히
웅크리고 있는
시간이 혼자 흐르고 있을 뿐
옛날에, 옛날에 내가 살던 깊고 깊은 숲 속의
한 송이 궁궐

나무를 껴안다

이효범

가을날 빈 들판을 지나
잎이 다 진 늙은 나무에게 간다.

나무는 아프리카 수도원의 수녀처럼
거기 서서 평생을 기도하고 있다.

나무가 수줍게 인사를 한다
나는 부끄럽게도 빈손이다.

'나무야, 너는 전생의 나인 것 같다.'

나는 용기를 내어 나무를 껴안는다
마음속 그 사람처럼 따뜻해진다.

갈등(葛藤)

이희섭

등나무숲에 막 도착했을 때, 안개는 이미 숲과 나무들을 휘어감고 있었다 너는 우로 나는 좌로 안개를 헤치며 나아간다 끝이 보이지 않는 시작, 누가 먼저랄 것도 없이 서로 얽혀드는 칡과 등나무

어디에도 없는 끝으로 가는 중이다 팽팽하게 꼬아 올라가다가 늘어져버린 줄기, 발치 아래 떨어져 흙이 되어가는 나뭇잎들은 누구의 계절에서 피고 지는 것일까 너와 나의 엮임을 무엇이라 읽어야 하는 것일까

흔들리지 않음으로 오히려 더 흔들린다는 것을
등나무숲에 와서 알았다

공중으로 몸을 던지며 통증들을 쥐어짠다 뜨거운 태양 속으로 기어들어가고 싶은데 걷히지 않는 안개의 뺨에 주먹질만 해댄다 꿈틀거리는 삶의 빛깔들은 천천히 변해가지만

만나고 있어도 평행선인
누군가 등을 돌리지 않으면 헤어날 수 없는
갈등의 숲

서늘한 공양

임동윤

보호수목이 된 느티나무 한 그루
아랫도리를 마냥 내주고 있다

조금씩 바람이 들며 벌어지는
속살, 그 보이지 않는 틈을 비집고
굼벵이, 사슴벌레, 장수하늘소가
떼거지로 몰려와 둥지를 틀었다

푸석거리며 쩍쩍, 살이 무너지고
달빛별빛들이 흐벅지게 놀다갔다

빗물에 눈보라에 담금질한 것들
썩어서도 한껏 몸을 내주는 것이다

천태산 은행나무

임미리

가을날 나무는 황금의 시간을 쌓아 올린다.
무량의 햇살을 받아 눈을 멀게 하지만
아무리 감추려고 해도 빛난다는 것은
그늘까지 환하게 만드는 것이다.
나무를 만나고 가는 바람의 모습 금빛이듯
바닥으로 추락하는 나뭇잎조차 꽃으로 쌓인다.
너는 틈새 하나 없이 햇살 가득하여
빛에 휩싸인 듯 환한 우주의 역사를 쓴다.
녹록치 못한 고난의 자리까지도 어설퍼 보이고
이제 다 용서할 것 같은 빛나는 시간이다.
연두에서 황금의 시간으로 건너오기까지
나무는 초침을 다투며 뼛속까지 뿌리 깊게
햇살을 새겨 넣었는지도 모른다.
무의식의 시간이 내면 깊숙이 스며들면
이별조차도 서로에게 향기가 될 수 있을까.
마음을 점유하며 건너온 자리
황금의 시간 속에 나를 새겨 넣는다.

은행, 자리 잡았다

임 석

내가 올 줄 알고
천태산 깊은 산물은
일찌감치 어둠을 깨운다
먼 생각 한 자락은
조약돌로 되살아나고
귀 뚫는 저 출혈 소리
천 년의 꿈을 심는다

어느 변방에 한적한 곳 자리 잡고
오늘은 시인 묵객 다 불러 앉힌다
격정에 시달리고 인정에 부대끼고
회한의 흠집들은 영국사에 풀어놓고
밤마다 달을 불러 춤사위 하고 있다

떨어지는 은행잎이 시(詩)가 되어 쌓여간다

천태산 은행나무에는 누에들이 산다

임영석

새봄 은행나무 잎이 눈 뜨는 것 보면
두어 잠 자고 나온 누에들 같다
그 누에들 제 잎의 천장을 만들어
완전변태가 되면 은행잎으로 태어난다
천태산 은행나무 가지 끝 그 끝에는
변태를 통해 날개를 만드는 누에들의 알이
완전변태를 못해 다닥다닥 붙어 있다
나를 더 멀리 보내려고 날개를 갖는다는 건
내 몸의 공양이 필요하다는 것이다
천태산 은행나무 그 공양에 천 년을 살았지만
아직도 제 몸을 공양할 힘을 놓지 않고
변태를 꿈꾸는 누에들을 키우고 있다
이 세상 제 몸의 알을 품지 못해 끙끙거리지만
내장 푸른, 두어 잠 잔 누에들을 키워낸다는 건
공양도 공양이거니와 그 정성이
하늘의 뜻이기에 가능한 일일 것이다
하늘의 뜻이 천태산 은행나무 속에 자리 잡아
변태를 꿈꾸는 누에들의 집이 되어 준 것이다

은행나무는 흐른다

임 윤

만추를 털어낸 샛노란 수맥의 발자국

시위 당기던 해도 저물어
속눈썹으로 날아드는 시간의 화살
눈동자에서 파르르 떠는 저녁

선을 긋고 떠난 바람의 필체인가
우듬지에 보푸라기 이는 비행운
손차양에 금세 번지는 노을

가을의 촉수는 퇴적된 계절에서 움터
무넘깃둑에 쏟아지는 웃음들

천 년은 너무나 짧아
차라리 돌이 되고야 말
화르르 날아오르는 노랑나비떼

무위도

임재춘

춤추는 바다
바람이 물결을 떠밀어냈다
햇빛은 눈부시게
남은 시간들을 반사시켰다
물고기들이 은빛으로 날아다니며
물의 난간을 한껏 부풀렸다
주변이 모두 미끄러워 날선 틈이 보이지 않을 때
파도소리는 수평선을 가늘게 지워버렸다
눈을 가늘게 뜨고
바위에 붉은 이끼처럼 앉아서
물결 따라 한없이, 안장도 없이
물 안에 갇혀 흔들거렸다
멀리 파도소리에 짭짤하게 엉킨
방황의 시선이 떠다니고
아무렇지도 않게
홀로 옷을 벗은 해변은
바람의 무늬를 살갗에 새겨두었다
저녁이면 춤추며 쏟아져 들어오는
황금빛 갈기를,
묵언(默言)에서 스스로 변하는
말들의 비린향기를 가득 채워
울 것이다

산염불

임형신

화악산 기슭에는 황금 목걸이를 걸고 다니는 개가
일모(一毛) 시인과 함께 산다

철 지난 물가에서 놀던 개가 물어온 번쩍이는 목걸이는
개의 목에 채워주고

돌아앉아

시인은 매일같이 화선지에 발자국을 찍고 있다
눈밭에 찍힌 참새 발자국부터 소백산에 두고 온 자신의 발자국까지

산울림 영감의 발자국을 따라 내가 그의 집에 당도한 날도 화선지에는 이름 없는 무수한 발자국이 걸어가고 있었다 나도 그 발자국의 맨 뒤를 따라 경계가 없는 그의 묵정밭 몇 구비를 돌아내려 온다

오늘처럼 눈비 오는 날은 길 떠난 발자국들이 돌아와 화선지에서 꾸벅꾸벅 졸고 있다
목걸이를 벗어놓고 졸고 있는 개의 곁에서

말을 표구하다

장상관

금빛 햇살에 혀를 말린다
노릇노릇 구운 말
화끈화끈 타오르는 말
시원 텁텁 쟁여진 산봉우리
심장이 얼마나 크고 뜨거우면 저 산객
식은 가슴에서도 뜨거운 탄성을 구워내는 것일까
말없이 말하는 산
형형색색 화음 이루어
혀끝에 선 사람들 눈 속에서 오래 머문다
마음 조각조각 도려내던 혓날이 무색해질 무렵, 야—호
정곡을 찌르며 울려오는 메아리
찢어진 가슴을 핥고 촘촘히 깁는다
우그러뜨린 마음마다
거칠게 휘둘렀던 검붉은 혓바닥 끝내
다스리지 못한 죄 짊어지고
성대에 자물쇠를 채우고 몸부림치는 나를
뜨겁게 조율하는 말 한 잎
액자에 넣어 머리말에 건다

천만 혓바늘이 돋도록 산을 필사한다
잎맥이 선명하다

대추 한 알

장석주

저게 저절로 붉어질 리는 없다

저 안에 태풍 몇 개
저 안에 천둥 몇 개
저 안에 벼락 몇 개

저게 저 혼자 둥글어질 리는 없다

저 안에 무서리 내리는 몇 밤
저 안에 땡볕 두어 달
저 안에 초승달 몇 날

4월의 산

장세현

4월의 산은 뭘 해도 좋다
바라만 봐도 좋고,
산책을 해도 좋고,
꽃그늘 아래 누워 하늘 보면 더욱 좋다

갓 돌 지난 아기
웃어도 예쁘고, 하품을 해도 예쁘고, 똥을 싸도 예쁜 것이나
연초록빛 스미는 산
햇살 비추어도 좋고, 비가 와도 좋고, 바람 불어도 좋고, 산꿩 울어도 좋은 것이나

4월의 산은 뭘 해도 좋다
웃어도 좋고 울어도 좋다
바람결 스르르 감기는 눈망울 속에
4월의 산이 곤히 잠들어 있다

광대

장수라

그의 몸은 온통 샐룩거리는 혀로 되었지만
무대에서 내뱉는 곧게 펴진 말
내 몸 감은 색동띠야
저 들판으로 날 끌어다오
꽃들이 움트는 뜨거운 들판으로
풀들이 기억하는 민초의 숨결로
애기똥풀 우거진 산그늘 아래
둥글둥글 굴렁쇠를 굴리듯
강물을 북소리 삼아 울음 흘려보내듯
갈라지는 저 땅의 울림을 담아내듯
내 작은 뜰에 너의 혼을 풀어다오

저 산을 넘을 수 있으려나
들판의 새라면 무엇이 두려울까?
꽹과리 천둥을 치고 거북은 바람을 일으켜
막힌 길 열어다오
후둑이는 빗살 아래 장고 등에 지고
북을 치며 저 산의 호랑이들 불러 모아
어울렁어울렁 넘어가 보자
너 나 끌어가고 나 너 끌어준다면
한 번의 춤사위로 막힌 강물 열어 보자
말 못하는 꽃들을 대신하여
불임의 땅 디딘 문을 열고
침묵의 도시 한가운데로 던지는
꼬부라진 말 살아 있는 온몸으로 쓴다

멸치의 열반

장용철

눈이 꼭 클 필요 있겠는가
검은 점 한 개 콕 찍어 놓은 멸치의 눈
눈은 비록 작아도
살아서는 바다를 다 보았고
이제 프랑크톤 넘실대는 국그릇에 이르러
눈 어둔 그대들을 위하여
안구마저 기증하는 짭짤한 생
검은 빛 다 빠진 하얀 눈
멸치의 눈은 지금 죽음까지 보고 있다

씨 방(房)

장이엽

아주 작은 방에서

가장 귀한 손님이 주무신다

영국사 은행나무

장지성

천수도 한순간 생명으로 움이 트듯
지층, 그 깊은 곳에 수맥 찾듯 뿌리 내려
골 깊은 풍물의 땅에 씨 뿌리고 거두는.

덧없는 한세월이 시대의 맷돌되어
기쁨과 슬픔 모두 가지결로 다듬고서
이 나라 변고가 오면 몸 전체로 운다는.

나이테 한 해 두 해 천 년을 돌고 돌아
우람하게 아름으로 다섯하고 반이 넘는
천태산 자락을 품어 절을 지켜 섰는가.

나비

장현숙

갈 지(之)자로 간다
앞산 도드라진 바위도 당겼다 놓았다
마른 고목나무도 당겼다 놓았다
풍경들 사이를 간다
소나무의 손이라도 잡고 가실 것이지
떡갈나무 허리춤이라도 잡고 가실 것이지
지팡이 하나 없이 더듬거리며 가고 있다
가시덤불이라도 만나면 어쩌시려고
저리 위태롭게 산길을 가시나
구불거리는 비포장도로를 간다
잣나무에 걸리고 낙엽송에 걸리고
골짜기마다 넘나드는 풍경들을
소매 펄렁거리며 넘는다
달빛에 발목 잡히며 어쩌시려고
저리 느리게 고개를 넘어가시나
구부러진 길 등성이를 힘겹게 넘어간다
노을은 구겨진 파지처럼
나무들 사이를 빠르게 지나 급하게 넘어간다
이제 먹지 같은 어둠이
날개를 펼쳐 습자지처럼 스며들 것이지만
그 사이로 달빛이 모여들 것이지만
저리 느리게 산길을 간다
조롱박 같은 집이 예서 아직 멀까
고단한 날개를 느리며 가고 있다

굿바이 스트라이크 아웃

전건호

영국사 범종이 직구 변화구 커브를 뿌린다
전율하는 모세혈관
예측할 수 없는 실핏줄의 파동
헛스윙, 파울이 거듭되는 동안
외야석 은행나무 노랗다
무소의 뿔처럼 받아 넘길 공을 흘려보낸 손끝에
옐로카드처럼 그믐달이 걸린다
띠리릭 걸려온 벨소리에
초점을 잃은 눈 연신 헛스윙을 한다
뿔뿔이 흩어지는 뜬구름
참새들의 야유를 향해
견제구로 낙차 큰 커브가 난사된다
백팔 개의 비수같이 파고드는 슬라이더에
가슴 시퍼렇게 멍이 든다
텅 빈 공 하나에 생을 맡겨야 하는
투 쓰리 풀카운트
풀벌레마저 숨을 죽이는 찰나
범천을 넘나드는 마지막 종소리
무심으로 공(空)을 받아넘기자
텅 빈 몸을 진동시키는 공명음
산허리를 훌쩍 넘긴다
십 년 묵은 체증 한꺼번에 날리는
만루 홈런

눈물에게

전 숙

눈물은 태초에 가시였단다

순한 눈을 지키라고 하느님이 선물로 주셨지

발톱을 세워 달려드는 적들을
가시는 차마 찌를 수 없었단다

마음이 너무 투명해서
적들의 아픔까지 유리알처럼 보였거든

세상의 순한 눈들은
가시의 방향을 바꾸어
제 마음을 찌르고 말았단다

도살장의 소

마음이 흘린 피
그게 눈물이란다

황홀한 죽음

전순영

한생을 칼바람 속에

활활 불태우고

마지막 떠나는 날

털끝 하나 흩어지지 않은

몸

오롯이 여미고

빨간 입술로 뚝 떨어진

너

동백꽃

영국사 여심(寧國寺 餘心)

전태익

메아리 숨어 사는 바위 곳곳 예대론데
발 아래 화택문(火宅門)은 끝없이 흔들린다
가벼이 나뭇잎에 앉아 노 저어든 적멸궁(寂滅宮)
길가 은행나무 할아버지 율(律)에 맞춰
내 유년 허정(虛靜)한 달을 빈 가지에 걸어 놨네
먼 바다 푸르른 달빛 실려 가는 사사오욕(四蛇五欲)
국사가 난항이면 솔부엉이 밤새 울어
맑디맑은 금강물에 몸을 씻고 오라는데
타다만 장작더미에 다시 붙은 이 삼독(三毒)
나도 그 한때는 머리 깎은 중이 되려
이 산골 두루 누벼 땔나무만 해 날랐지
지금껏 되뇌는 글자 애욕(愛慾)이란 두 글자
그래도 제불(諸佛)께선 넌지시 고운 미소
저 숲길 중생들과 어울리며 살라 한다
달 끄는 외기러기사 어느 호수에 깃 사리나

노란 창이 있는 집

전　향

가을 대문을 활짝 열고 길 나서면
뜨거웠던 이마 서늘하게 달래주는 바람,
그 바람이 살고 있는 집을 만날 수 있다네

야트막한 언덕에 서 있는
은행나무 나이테 사이로 흐르는 맑은 숨결,
파도처럼 밀려왔다 밀려갔다 할 때마다
열렸다 닫혔다하는 노란 창이 있는 집

가만히 그 집을 마주하고 서 있으면
내 몸에 비늘처럼 돋아나는 수많은 창들,
그 창으로 맑은 바람 들어와 앉으면

어디까지가 나의 집이고
어디까지가 너의 집인지
도무지 알 수가 없다네

풍경

전현배

팔작지붕 처마 끝
부처가 앉아 있다
독경소리 낭랑하다

다투어 흐르는 강물의
부질없음, 화두 삼아

속살 깎아 맺은 결구
펼쳐든 사미승 마음밭
아득히 먼 바람

비우고 비워도
채워지지 않는 법륜

신 새벽
제 몸 매질해
별꽃에 내린 우주를 깨우는

나팔꽃

정가일

나팔꽃 줄기가 사나흘 밤을
꼿꼿하게 몸을 비틀어 세우고는 뱀 대가리마냥 들여다보고 있었다
오랜만이다
잊고 있던, 잊었다고 생각했던 넝쿨손이
제 몸을 일으켜 세우느라 쏜살같이 달려들어 물먹은 살을 공격한다

이때 내가 머리를 조아리고
무릎에 시퍼런 굳은살이 박이도록 두 손을 합장하는 것은
저 나팔꽃 때문만은 아니다
울타리가 환하게 보라색 꽃을 피우면
개미떼가 줄지어 그 속을 들락거리던 기억 때문도 아니다
교회의 불빛 때문에 푸른 줄기는 커지거나 작아지거나 했다

창 밖으로 혀를 쭉 빼물고 어둠을 긁어봤다
따끔따끔한 붉은 벽돌의 길
저것,

잠시
숨 돌리고
아,
나팔꽃
뱀 대가리마냥 고개를 드는,

비가 오네

정경진

찾아와도 달갑지 않은
소식 미리 띄운 나그네 비,
눈치 없이 오네

어디서 오는 누구인지
물어보지 않아도
푸르른 솔방울에 송송송
맺히는 투명한 땀방울

목련 라일락 활짝 펼쳐든
꽃잎 우산 위에
툭툭 기침하는 소리
어디서 오는 누구인지 말하고 있네

비가 오네, 세숫대야에
흘러가는 목소리 담아
가만 가만 가라앉히면
그대 마음 읽을 수 있을까
반가운 그림자 될까

골짝에는 흐린 물이 넘쳐흘러

정대호

갑자기 비가 퍼부어 골짝물이 콸콸 흐른다
골짝에 물이 말라
며칠 동안 세수만 하고 지냈길래
무더운 여름이라
옆에 있는 길손에게

물도 불었는데
때도 씻고 마음도 씻어야지
뽀송뽀송

아유 누가 벌써 씻었는지 흙탕물인걸요
며칠 더 지나야 할 것 같아요

물이 더러워도
물이 때를 씻지
때가 물을 씻지 않아요

돌도 씻고, 길도 씻고
나무도 씻고
저 산을 씻어 내려오는 물이
흙탕 좀 졌길래
그대와 나 욕망으로 얼룩진 마음 한 자락쯤이야
조금은
씻어갈 수 있겠지

태양을 붙잡는 끈

정동재

남쪽 창 밑 냉이가 슬쩍 치마폭 들췄을 뿐인데
주정차 경고장 한 장도 붙지 않은 겨울이 정리된다
태양이 북극성 한 바퀴 도는 시간에
서방 자식 먼저 앞세운 독쇄기풀보다 질긴 생
명부전 가는 길 국화 몇 송이가 비싸게 팔린다
위안부 할머니들의 사타구니를 어루만져주는 것은 어느 봄인가
얼어 죽은 한해살이풀들을 헤집고 냉이가 돋는다
찬란한 태양을 띄워놓은 푸른 하늘
태양을 붙잡은 끈
대대손손 놓지 않고 있다
이미 두 동강 난 찬사쯤 아랑곳하지 않는 판타지 영화 주인공처럼
신랑의 부축을 받고 나오는 산모의 부은 얼굴을
젖을 먹고 자란 아이가 가방 끈 추켜 메는 모습을
내려다보고 있다
새끼를 잃은 어미 다람쥐 세상을 그만 놓아 버릴까,
비 오는 날은
그도 젖은 눈망울이었을지 모른다
단편적으로 보아야
자고로 끈을 놓아버리지 않은 것은 지금껏 하늘 홀로뿐이랴!
돌아가셨다는 말처럼
사람은 죽어도 죽는 게 아니었다

진화의 흔적

정미경

숲 속 빈집
낡은 싱크대 거름망 속에
콩 한 줄기 태어났다

어느 외계 생명체처럼
플라스틱 분화구에서 삐죽,
고개를 내밀고 있다

무거운 머리, 가느다란 몸
습기를 찾아 촉수를 뻗고 있다
땅속에 뿌리내리지 않아도
물이 없어도 살아갈 수 있는 생명체
언젠가는 이 스테인리스 별의
새로운 주인이 될 것이다

이곳 폐허에서도 기필코 살아남아
바람 편에 제 흔적을 전송하며 흔들릴 것이다

여기 누군가 있다고,

수빅시 밀림 속을 달리다

정선호

밀림 속 도로를 따라 달렸다
백 척이 넘는 나무 빽빽한 밀림 속
원숭이들 가로질러 다니는 그곳을
아킬레우스처럼 달렸다
나무들 일년내내 햇볕과 비 내려
낙엽 만들 겨를도 없이 쑥쑥 자랐다
태양의 사랑 가장 많이 받는 적도의
나무들은 태양의 직계 자손이다
밀림 속에서 몇 원주민 여자들
이국의 사내에게 눈웃음 건넸다

차들 검은 연기 내뿜으며 달리고
혼혈인 여자를 옆에 태우고 달리는
선진국산 자동차 조용히 달렸다
어느 서양인 소유의 별장을 지나고
다국적 자본 택배 업체 소유의
공항 지나 바닷가에 난 길 달렸다
더운 바람 남반구 바다에서 불어와
더 많은 땀 만드는 이국의 바닷길
우주 생성 후 지금껏 제우스 신
달려온 그 길 일개의 사람 달렸다
우주에 난 길 위를 달렸다

* 수빅시: 필리핀 마닐라시 남부에 위치한 자유무역도시

숲으로 가리

정성태

숲으로 가리
밤은 한없이 깊고
영웅의 신화마저 잠든 지금
다들 사람이 새기는 칼바람
질펀한 회색 공포로부터

숲으로 가리
나무들 제 키대로 허물이 되지 않는 곳
모든 풀꽃에게도 거룩한 이름 전하며
도란도란 단물나는 얘기
마땅히 내 유년의 꿈이 익어가는

숲으로 가리
쌓아 둘 수 없는 시간의 벽
이내 기우는 세월의 길목에서
어디에나 길이 되는 마음자락
거기 휴식 같은 여유를 나누리

많은팔신호등

정숙자

애들아,
이제 곧 겨울이란다
은행나무 온몸에 노란불이 켜졌습니다

머잖아 발 시린 해가
빨간 신호로 바뀔 거란다

눈보라 몰아칠 밤을 헤아려
황금빛 은행나무는
잘 여문 은행알들을 아낌없이 뿌려줍니다

앞산뒷산 바라다보면…
손톱발톱 깨물다보면…

애들아,
이제 곧 꽃봄이란다
은행나무 심장에 파란불이 들어옵니다

에코브릿지

정시마

히, 내 칭구 밍크 고양이
흙바람 입고 털가죽 카펫으로 깔렸죠
눈알 하나 튕겨 승용차 꽁무닐 따라 나갔죠
습격하듯
어제 깔린 칭구가 앞장서고
가만있을 수 없는 틈새 들꽃들도 스멀스멀 삐져나오고
나무뿌리들까지 한몫 끼어드는 밤
히히, 모두 다 코로 신호 보내며 꼬리를 물고
갈대들은 이정표를 숨겨놓아
산맥을 타넘는 구름떼만 부여잡고 갔죠
어디에도 없는 달빛 같은 통로
오 몬디여 몬디여!
에코, 몸 부라리며 저편 비버의 집이라도 지을까
오늘 또 칭구 셋 포클레인 위로 들어 올렸죠
산의 상반신 뭉툭 잘려 나가는 줄 모르고
시퍼렇게 울음 우는 목젖 터지도록 쏟아졌죠
히, 사람들 사이에도 무지개 같은 에코브릿지 있지만
서로가 서로를 건너가지 않죠
칭구들
가만가만 더 건너갈 곳 없어 멈춘 지금
내 칭구 세상 사이로
안녕,
히히,

바람꽃

정안면

사람은 누구나 꽃이라네
누구나 한번 왔다가

……

누구나 한번 가는
사람은 누구나 바람꽃이라네

어떤 목록

정영운

혼자 돌아오는 길 은행잎들 저어새처럼 내려앉는다 저어새? 핑계 없는 무덤만 늘어가는 땅에 발 디딜 틈 없어 지상에 남은 600여 마리마저 5년 후쯤에는 멸종되고 말 것이라는 그 새들

희디흰 날개에 실린 저어새들의 슬픔들이 강화도 석두리 노을 속으로 막 떨어지고는 갯바람에 편도선 앓는 갈꽃들의 쉰 목소리만 눈시울 붉히며 돌아누운 갯벌을 오르내리고 있었는데 그때 나는,

엿장수 따라갔던 다섯 살배기 동생 업고 눈물 콧물과 함께 돌아올 때 털 빠진 늙은 개 따라오던 외딴 동네 탱자나무 울타리를 왜 떠올렸을까?

꽃샘바람에 떨던 간이역과
주우려 하지 않아도 어느새 움켜쥐고 있는 가령 이런 것들
내 쓸쓸함의 목록들: 아이, 은행잎, 저어새, 버려진 풍경, 먼 기억

나무십자가

정영주

찢기고 상한 것들만 줍는다
밟히고 밟혀 벌건 속살까지
드러난 나뭇가지들
그 중에서도 가장 못난 가지들만 주워
십자가를 만든다
휘어지고 구부러져 산 길 여기저기
나뒹구는 것들

한때는 나도 구부러진 가지였다
휘어지다 부러진 나무였다
누구에게도 귀한 적이 없는 길 잃은 길이었다

벽 가득히 십가가를 건다
삐뚜러지고 모난 십자가를 바라보니
문득 내 허물이 보인다
쓴 뿌리들이 꿈틀거리며 나를 찌른다

벽 전체가 내게 주시는 말씀이다

숲에 들다

정 원

나무를 본다
본다. 나무들을

숲은 깊을수록 고요히 마음을 열고
나뭇잎소리, 햇살이 되고 바람이 되는
숲이다, 수풀 림(林)이다
풀 한 포기 바위 하나 모두
있어야 할 곳에 있어야 할 생(生)으로
불을 밝히고

귀 기울이면 푸드득, 털리는 햇살 한 자락

얼마를 뿌리 내려야
산심(山深)을 흔드는 물소릴 들을 수 있을까
얼마를 비우고 또 채워야 그루마다 절 한 채,
산(山) 하나 담을 수 있을까

하늘과 맞닿은 가지 너울너울 단풍이 들고
세상은 드리울 그늘 하나,

풍경소리 가득히
그렇게 햇살이 되고 바람이 되는
숲이다, 수풀 림(林)이다

나무들의 투자법

정원도

나무들도 투자한다
당장의 생계를 위해서만이 아니라
보다 먼 안녕과 종족의 번성을 고려하여
충분한 나뭇잎을 틔우고
꽃을 피운다

일부는 바람이 와서 먼저 따 버리고
일부는 벌레가 와서 갉아 먹을 것을 고려한
확률까지 적용한다
이래저래 용하게 햇빛과 잘 융합하여
최소한의 생계에 필요한 나뭇잎이 100개라면
그는 몇 배를 더 달기 위해 잠을 줄이고
동분서주 사방으로 가지를 친다

날마다 햇빛이 잘 드는 쪽으로 몸을 틀며
꽃을 갈무리하고
열매를 건사한다

착한 자본의 순환이다

은행나무 사랑

정윤천

누군가 여기 와서 거닐다 갔다
초록 위에 스쳐가는 바람결같이

누군가 여기 와서 고백하고 갔다
빗금으로 반짝이던 빗방울같이

누군가 여기 와서 기다리다 갔다
언제나 제 자리에 스러지는 노을빛같이

그 일들 다 겪어주느라
천태산 은행나무 여기 서 있다

와송

정이랑

바위 위에서 소나무처럼 자란다고
당신을 바위솔이라고도 부르더군요

항암작용에 좋다는 와송,
갑상선암으로 주름살만 늘어난
어머니에게 드리고 싶어
망설임 없이 뿌리째 뽑았지요

무엇이든 몸속의 것이라면
다 꺼내어주고 싶은데
당신만한 효능이 저에게는 없더군요

병상에서 링거 맞고 있는 어머니,
어머니에게 나는 무엇이었을까요
고장 난 수도꼭지마냥 눈물이 흐릅니다

세 살이 되던 겨울밤이었을 겁니다
경기한 나를, 어머니는 버선발로 업고
이웃마을 칠성할멈에게 갔었지요

그래요, 어머니에게 오늘만큼은
와송으로 기억되고 싶습니다

콩

정이향

땅 끝에서 오르는 마르지 않는 숨
텃밭 콩을 심었다
어린잎이 언제 솟았는가
노란 꽃이 피고
꼬투리가 콩콩 부풀어 올랐다
고랑을 타고 올라
제법 든든한 집을 만들어갔다
한여름 햇볕 자근자근 밟고
지나가던 빗줄기도 토닥토닥
가지를 뻗어 살을 키운다
두둑마다 콩의 문장이 찍혀 있다
무릎까지 빠지는 콩밭
내 몸에서 비릿한 냄새가 난다

나무 경전

정일관

가시 세워 찌를 듯 도사리는 가시나무엔
둥치 큰 나무는 없다고,

은행나무, 느티나무, 굴참나무처럼
천 년을 품는 나무는 가시가 없다고,

가시 같은 마음으론
세상을 그늘로 덮어줄
풍성한 잎사귀 거느릴 수 없다고,

본래 한 씨앗이 수억만 개 인연을 모아
바람에 무수히 흔들리며
순한 달빛에 푸른 세월 뭉쳤다고,

기다림의 나이테 오래 돌아
나무 경전을 펼치면
뭇 새들이 말씀처럼 날갯짓 한다고,

가시 같은 내 속에 새긴다
오늘, 또 봄이다

달의 미덕

정일남

점점 재산이 불어간다
못살던 때를 생각하면 마음 설레는 일 아닌가
조금씩 조금씩 모은 재산이
배가 불러 부자가 되자 남모르게
어느 독거노인들 사는 달동네로 가서
가진 것 조금씩 뜯어 보태주는 일을 했다
그 일이 숙달이 잘 되어서
가진 재산 다 털고 어디론가 가서 모습을 보이지 않았다
뜨내기 노숙을 했을 것이다
삼일이 지나서다, 초사흘 날 저녁
아주 핼쑥한 얼굴로 돌아와
다시 콩나물장사를 해서
조금씩 재산을 불려갔다, 순월(旬月)이던가
주머니가 불룩한 달은 다시
재산을 나눠주려고 달동네를 찾았다

달은 늙도록 그런 일만 되풀이했다

보색의 은유

정재분

은행잎 노랑 날갯짓에 자꾸
하늘을 올려다보게 되네

뭇 구름들 다 어디로 물러가고
빙하 녹은 호수가 물구나무서고 있나

스미지 않고도 열매 맺는 사연하며
뾰족 이파리가 노랑나비로 흩날리기까지

두 겹 생을 사는 은행나무
영국사 범종소리 듣고 자라서

하늘 보라 하네
하늘 보라 하네

다슬기

정재춘

하루를 꿈꾸며 고인 하늘에 웅크리고 있다
푸르름이 사무쳐 온몸으로 밤을 보고
새벽안개 시린 물결 아랑곳없이
안으로만 채뜨려
손바닥으로
발바닥으로
순수만을 교감하던 결연한 매달림
터져 나오는 제 안의 아우성을 어쩌지 못해
앙다문 까만 입술엔 핏빛 결기가 배어 나오고
곁을 주지 않으려는 독한 다짐으로
몸피마저 새까만데,
두려운 마음에
손끝으로 몸을 여니
완고한 각질로 저항하다
자결하듯 낙하하는 분분한 숨결이
한 발치 두 발치 앞
동정(童貞)의 언덕을 만들었다

공원

정정례

벤치에 누워 하늘을 보라

초록 잎들이 어우러져 내주는 그늘을 덮고

초록 잎들이 흔들 때마다

묻어나는 푸른 향기를 보라

가지 사이 줄기들 엇갈리며

나무와 나무가 잇는 길을 보라

길 따라 매달린

버찌 살구 앵두 자두가 분수껏

몸을 키우며 때를 기다리는 것을 보라

새 한 마리 기웃거리며 열매들 쫄 때

한 작은 흔들림 위에서 새가 훔쳐 먹는 시간을 보라

그 톡톡거리는 재미를 보라

그걸 지켜보는 나무들의 저 느긋한 재미를 보라

색(色)을 입다

정하해

은행이 다른 볕살까지 물고와
세상의 먼 길을 재는
이맘때,
가을은 언제나 분주하다
그 가을, 나무들은
가슴 저미는 풍경을 위해
말할 수 없는 몸짓으로, 아득하고
번득이는 잎들과 다치지 않는 가지가
때로는 적막을 부르고
때로는 광풍을 부르는
그것을, 우리는
숲이라 하자
무더기 추억은 놓여
또 저희들끼리 목 메이게 하다
사람껍질 속으로 이리저리
스미다 처음으로
몸이 말하는, 그 색(色)이
지금은 처녀처럼 붉어, 말이
안 되게 붉어
숲이 아프고 은행나무가 아프고
모두 버티느라 글썽거리는 게
빽빽하다

두음법칙 아래에서

정 호

영동 영국사에 간다. 영국사(英國寺)? 그러나 영국사(寧國寺)라고 한다. 원래는 만월사(滿月寺)라 불렸다는 곳. 홍건적의 난 때 공민왕이 피난 와 국태민안(國泰民安)을 기원한 이후로 영국사(寧國寺)로 고쳤단다. 녕국사 하면 안 되고 영국사도 아닌 영동 영국사란다. 영동(永同) 령동(嶺東) 하면 안 되고 충북 영동 강원도 영동 하듯이.

아내는 녀자, 하면 안 되는 여자. 나는 오늘 하루치의 여자(餘資)를 아내에게서 얻는다. 그래서 뱃속 든든하게 해준 여자(餘資)는 마음씨도 참 고운 여자다. 아니다, 여자(餘資) 아닌 녀자가 정말 여자다. 아니, 녀자 아닌 고마운 여자(餘資)가 진짜 예쁜 여자다.

영국사의 밤나무꽃

조경순

누가 왔다 간 것일까

한 달 폭염 속 사내 냄새다

큰 연(蓮) 작은 연(蓮)
개울 건너 늙은 과부 연까지
온몸 흔들며 경련한다
바지춤 추석거리는 사내들도 없는데
온 동리 지끈지끈 멀미를 앓고 있다
작년 이맘때
살짝 내 허리 휘감고 간 그 사내
어디쯤 오고 있을까

짱짱한
잉어 몇 마리
시종처럼 거느리고

영국사 가다가

조국성

신라 고찰 영국사를 찾아간다
1000년 전부터 나를 기다렸다는
은행나무 경외까지 마중을 나왔다
그는 전생에 비구니였던가
제 팔 한 짝 산 채로 땅에 묻어
법통 이을 상좌로 삼았단다

행자 하나 다가오더니
장삼 속에서 법어를 꺼내놓는다

은행은 어디까지나 은행이니
절대 털지는 마시오

은행에서는 구린내가 납니다
노란색만 보면 똥보다 먼저
금덩이를 떠올리는 중생들
똥독에 빠지는 일 허다합니다

그저 예쁜 이파리 하나 주워
책갈피에 끼워두고 두고두고
마음의 좀벌레나 막으십시오

바람의 관절

조미희

나뭇가지가 흔들리는 것은
바람이 잠시 쉬었다 가는 것이다
길고 긴 노동으로 관절이 닳아 부딪치는 소리를 내며
바람도 나무 그늘로 찾아든 것이다
일광욕을 즐기는 구름을 밀고
다시 일을 나서려는 바람을
구름이 자꾸 더 쉬라며 유혹하는 한낮
망설이는 바람에 나뭇잎 일렁인다
구름을 밀며 바람은 다시 일을 나선다
조각을 내며 모양을 바꾸는 구름
가끔 메마른 땅에 물을 주기 위해
먹구름도 데려와야 한다
산 위의 너럭바위 젖은 등짝도 시원하게 말려주어야 한다
하루 종일 퍼트려 놓은 햇살을 끌어 당겨 챙겨 놓는 오후
자물쇠로 밤새 별빛 그물을 치고
커다란 조명등 하나 끌어다 놓는다
바람은 다시 넓은 바다로 가 칭얼거리는
바다를 잠재우느라 밤새 뜬눈이다
새벽에 보면 시퍼렇게 멍든 바람 절뚝거리며 골목을 지난다

중복 이후

조 숙

태풍이 지나가는 동안 나는
문을 닫고 있었다

문을 여니
곳곳에 쓰러져 있는
그 사람 발자국

넘어져 있는
봉숭아
푸른 이파리 찢겨 있다

꽃도 피우고
상처는 더 굵어질 것이라,
믿는다

동백꽃

조오복

진초록 비즈 장식 원피스 맵시
아침 햇살 조명 받아 반짝일 때
누군가 매달아 놓은 환한 붉은 꽃등

한동안 불 밝히다
앞뒤 재지 않고 뚝뚝뚝 뛰어내려
보는 이 가슴 한켠에 애잔함이 가득하네

돌아보면 저마다 사연 한둘 뿐일까만
한결같은 차림새 그 마음
매사를 맺고 접을 때 너만큼만 같았으면

과수원 병동일지

조재형

줄줄이 능금을 출산한 사과나무
가지마다 딸랑딸랑 양육한 풋사과들
세이레 만에 선과장(選果場)에 입양 보내고 요양 중이다
꿀 사냥 다녀간 벌들이 전한다
사과나무의 병명은 다발성 압박골절
업어 키운 열매 수가 과한 탓이란다
나무 꼭대기에 걸린 꽃구름으로
톡톡 부러진 가지들 통깁스했다
끼니마다 문병 오는 직박구리와 산까치
소리를 산란해 옹이 둥지에 부화한다
일출과 일몰에 때맞추어
하루 두 번 찾아오는 태양의 회진(回診)
햇살 진통제의 효험은 신통하다
별들이 남포등 밝혀 간병해온 긴 동지 너머
서둘러 돌아온 입춘이 대동한 명지바람
회복 중인 나뭇가지 흔들어 재활치료 중이다
병약한 사과나무 한 그루 재생을 위해
온 우주 피조물에 내려진 총동원령
깨물면 모두가
아픈 손가락이다

시월의 풍경

진 란

외로운 그대가 서서 바라보는 그곳은 먼,
우리가 아직 닿지 못한 곳
즐거운 내가 누워서 꿈꾸는 그곳은 가까운,
우리를 쓸어간 바람 같은 것
그대와 내가 기다리는 것은 여기, 혹은 저기에
나비거나 꽃잎으로 팔랑팔랑 흩날리는
귀울림 깊어지는 늦봄 뻐꾸기같이

소나무 분재

차의갑

산 속을 헤매다가 너를 만났다

그럴듯하게 선 청정한 몸짓
고고한 압력에 눈꺼풀이 씌었는지
소나무 분재를 만들고 말았다
이리 휘고 저리 비틀면서
제멋대로 곡선을 뽑아낸다

그렇게 주물럭대던 어느 날인가

싱싱한 잎맥이 누렇게 변하더니
하얗게 말라붙은 채 떨고 있었다
안타까운 마음에 어루만져보았지만
그만 우수수 주저앉고 말았다

말라가는 가지에 맺힌 시를 만났다

아직은 신선한 날들이여

채상근

핵전쟁 핵폭풍
그날의 지구에서 마구 구부러뜨려진
질질 흘러내리는 영혼을
산산조각 난 영혼을 꿰어 맞추며
눈물 흘리며
잠시 깨끗했던 영혼을
되돌아갈 수 없는 고향을
추억으로 노래하기보다는

아직은 신선한 날들이여

사랑

최도선

네가 내 안에 거하고

내가 네 안에 거하면

이루리라 무엇이든지…….

연잎에 물기 촉촉한 청개구리 한 마리 착 달라붙어 있다.

소나기 긋고 간 자리 물빛 쫙 번진다.

오랑캐꽃

최서림

모든 꽃은 다 꽃을 피운다
바위취, 국수나무같이
그늘 밑에 자라는 것들도
때가 되면 꽃을 피운다
평생 남의 그늘에 가려
영영 꽃이 없을 것 같은 생명들도
언젠가는 꽃을 피워 올린다
버려진 들판의 찔레꽃 냄새가
담장 안의 장미꽃 향기를 감싸 안듯,
이름이 뭣해서 불러주기도 민망한 쥐똥나무
꽃냄새가 화장실 냄새를 덮어주듯,
누군가를 위해 물길처럼 낮아지고
남의 인생을 데워주기 위해
불길처럼 굽어져 본 사람, 한평생
남의 그늘에 가려 제 그늘이 없는 사람도
이른봄 오랑캐꽃처럼 꽃을 피워
젖은 낙엽을 살짝 밀어 올릴 줄 안다
하늘을 들어 올려 순간
제 그늘을 희미하게 만들 줄 안다

천태산 은행나무

최재경

천 년도 넘은 세월이었다
내 조상님들 뱃속에서 태어나 여태 살아온 것이, 어쩌면
흉이나 되지 않을까 생각지만, 그러나
고스란히 물려받은 질긴 목숨인 걸 어쩌나
살아오면서, 지난세월을 돌아다본다 치면
허구한 날 쓰라린 상처투성인 걸, 따지고 보자면
좋은 날도 있었고, 가슴 벅차 눈물을 펑펑 쏟기도 했었지
마음에 없던 말을 남기면 꼭 쓰라린 상처를 남겼고
행여 지나가던 이가 두 손 합장하고 공손하게 절을 할 때면
절로 기분이 날아갈 듯도 했었지, 어느 때
잡을 수 없는 바람이 불어가거나, 옷자락에 서설 쌓여가도, 나는
외롭다거나 쓸쓸하다거나 그립다거나 그럴 만한 여유가 없었지
컴컴한 섣달그믐 밤이 지나면, 환한 아침 같은 정월달이 있었고
정월이 지나면 새봄이 오듯이, 나는 그렇게 기다리며 무덤덤 살아온 거지
몇 년 아니 또 몇 백 년을 살다 갈지 모르는 일
목숨이란, 하늘이 점지해주는 것
내 둘레를 지나가는 이들이여, 행여
살다가 아프고 눈물이 나면 찾아와주오, 내 그대들에게 명약을 처방하리라
안 아프고 오래도록 사는 비법을 살짝 알려주리라
나는 천 년도 넘게 살아온 지독한 증인이니까

못

최재영

못 대가리는 둥글다
둥근 것에 대해 사람들은 의심을 하지 않는다
끝은 언제나 상처 낼 준비가 되어 있는데
늘 치유되지 않을 날카로운 비수를 꽂아대는데
세상은 둥글게 살아야 한다고
둥글둥글한 척 혈안이 되어 있는데
밀어내는 힘과 버텨내는 두 힘의 결절에서
종소리처럼 퍼져가는 못의 궤적들
대개 모진 것의 파장은 독을 뿜는 법
닿자마다 이내 파릇한 독이 가득하다
소리 없는 파문은
버텨내는 쪽의 안간힘이다
그 나지막한 비명을
낮이나 밤이나 물고 있어야 하는 것을,
그러나 말 마라
그 비명 되받아서
못 스스로는 빼도박도 못해지는 것이다
머리 대신 대가리라 불리는 이유다

은행나무 제왕

최정란

천태산 산자락을 조용히 밟고 섰다
그만쯤 올라가다 내처 쉬어 머물러라
장삼도 삿갓도 벗고 세속마저 벗어 들고.

비바람 천둥 번개 천 년을 지켜온 삶
우러러 팔을 벌려 우주와 교신하며
해와 달 가슴으로 품어 영국사를 지키는가.

전설도 쉬어가는 옹이진 세월이야
뚝 하나 가지 휘어 분신으로 뿌리 내린
해마다 가을이 오면 곤룡포를 입는가.

폭포

최정연

그렇게 아래로 아래로
몸을 낮춘다는 것이
뼈저리게 슬픈 일이 아니지
그 소리 창창하여
산 하나 흔들고
눈부시게 흰 빛 내려놓고서야
세상을 굽어 흐르는

자연에 기대다

최춘희

너를 떠나 사는 동안
나는 늘 숨이 찼고
마음 붙일 곳 없었다
하늘 찌를 듯 위로만 향한
도시의 마천루 아래서
내 키는 점점 작아졌고
난쟁이가 되어버렸다
길을 걷다가 보도블록 틈 사이
안간힘으로 꽃피운 풀꽃을 보면
흘러내린 실핏줄 같아
쪼그려 앉아 눈 맞추곤 했다
너는 늘 거기 있는데
나는 왜 돌아가지 못하는 걸까
매캐한 매연과 먼지 속에서
폐는 딱딱하게 굳어가고
허파꽈리는 숨쉬기가 버겁다
바라만 보아도 좋은 너를
이리 가까이 두고 수직으로 떨어지는
폭포 아래 서서 비로소 나는
자유롭고 편안하다
한없이 푸르고 벅찬
너의 무궁한 가슴에
한 마리 작은 새되어 깃을 친다

시간의 경계

최해돈

이 세상 살아간다는 건
눈에 아득한 형체의 경계를
허물고 지운다는 것이 아닐까
세월을 건너온 흔적의 파편들이
겨울날 내리는 수많은 눈송이처럼
그렇게 시간의 경계를 넘으며 흩어져 왔다
새벽에 눈을 떠서 또 하나의 햇살 속으로
걸어 들어가기 위해서는
마음의 경계를 팍팍 허물고
허물어진 경계를 다시 지워야 하리
유난히도 뜨거웠던 지난여름,
한생을 고이 살다 간 매미는
짧디짧은 삶과 죽음의 경계에서
생을 고요히 마감하고 떠나려고
마지막 순간의 경계에 다다르지 않았을까
시간 속에 살며 시간의 경계에 앉아 보니
기억의 저편에서 이어진 길이 하나 보이고
넉넉한 저녁이 휘어져 보인다

자귀꽃, 꽃같이

태동철

먹구름에 번개 쳐 비바람 불지라도
자귀꽃으로 피어나
꽃답게 사는 로맨틱한 사람이야

내 삶이 자귀꽃이기를 꿈꾸며

나는 꽃무늬 와이셔츠에 나비넥타이 매고
밝은 쥐색 콤비에 중절모 쓰고 나서면
이웃들은, 나를 로맨스그레이라 부르지

나는 해맑은 웃음이 깊은 사람
내 웃음으로 이웃의 가슴을 열게 하지
나는 징징 울어대며 칭얼거림이 싫은 사람이야

꿈속에서도 그녀와 꽃밭 가꾸며 해맑게 웃지
꿈은 생명줄, 꽃다운 인생살이
꽃다운 꽃처럼 한바탕 꽃놀이하지

화분

하재청

한동안 화분에 물주는 것을
나는 잊고 지냈다

수많은 교신이 오고간 어두운 층계에 앉아
이미 죽을 결심을 하고 돌아앉은 나의 화초
스스로 말라가는 물길을 악착스럽게 내고 있지만
앙증맞은 화분에 어둠만 가득 채우고 있을 뿐이다

나는 이제 난의 뿌리에 물 고이는 소리를 듣지 못하고
난의 뿌리가 속삭이는 소리를 알지 못한다
한때 내 귓등에서는 뿌리의 속삭임으로 가득 찼는데
저 깊은 달팽이관에서는 적막이 감돌고 있다

스스로 물을 채우기에 너무 작은 화분

초록색 물고기가 수초 사이를 헤엄쳐 다니던 내 동공은
이제 어떤 교신도 허용하지 않는
어두운 동굴이다

단풍과 낙엽의 가족사

하종오

상노인이 심었던 은행나무에서 떨어진 은행들을
어린 증손자들이 주우려고 하자
홀연히 은행잎들에 단풍들기 시작하더니
그 둘레 나무마다 노랗게 노랗게 물들었다
두 눈 휘둥그레진 어린 증손자들이
은행들을 내버려두고
한참 오도카니 바라보고 서 있었다

노인이 심었던 감나무에 열린 감들을
어린 손자들이 따려고 하자
홀연히 감잎들에 단풍들기 시작하더니
그 둘레 나무마다 붉게 붉게 물들었다
두 눈 휘둥그레진 어린 손자들이
감들을 내버려두고
한참 오도카니 바라보고 서 있었다

중년이 심었던 상수리나무는
아직 어려서 열매를 달지 못하고
우수수, 우수수, 마른 잎들만 지자
어린 자식들이 두 손으로 주워서
우수수, 우수수, 날리며 놀았다
야단치려고 나왔던 상노인도 노인도 중년도
마당을 깊게 덮은 낙엽들을 밟았다가
어어, 어어, 발걸음이 떨어지지 않아
한참 동안 우두커니 바라보고 서 있었다

천태산의 은행잎

한경용

끝까지 푸르르게
한평생 선비처럼 그 자리에 있을 것 같더니
어느덧 살다 보니 변하였구나
그나마 그것도 오래지 않아
다 털리고 이렇게 발길에 치이느냐

지난날 꿈꾸던 밤
다 사그라져도
사랑했던 내 책갈피 속
그 모습 그대로 있는 걸
노랗든 파랗든
감도는 그 느낌
내 머릿속에는 변하질 않아

아무렴 변하지 않는 세상
우리 더 버티지 못할 바에
우수수 같이 떨어져
세상을 온통 노랗게
한번 덮어버리자꾸나

영국사, 천 년 은행나무 속울음 속에는 1

한규정

영국사, 천 년 은행나무 속울음 속에는
황골 사람들 보릿고개 넘어가는 소리
부황 들어 죽은 설천댁 신음소리
폐병으로 죽은 산지기 기침소리
못에 빠져 죽은 처녀 구슬픈 곡소리
백일 전에 죽은 애기 울음소리
목매달고 죽은 무당 영혼소리 들리고
영국사, 천 년 은행나무 속울음 속에는
오랑캐에게 능욕당한 환향년 비탄소리
명성황후의 구국의 한(恨) 들리고,
왜놈들이 휘두르는 일본도소리
기미년 삼월에 울려 퍼진 만세소리
중공군 총에 맞은 학도병 울부짖음 들린다
영국사, 천 년 은행나무 속울음 속에는
최루탄 마신 학생들 불타는 외침소리,
80년 봄 광주에 울려 퍼진 총소리
서울광장에 펄럭이던 자유의 깃발소리
잠실벌에서 펼쳐진 세계인의 축제소리
붉은악마가 외치는 대한민국 함성 들린다

그 길 위에 서면

한소운

바람을 안고 돌아오는 길
울컥 솟는 눈물 어쩌지 못하여
하늘을 보았습니다

서럽도록 파란 하늘, 옹이진 구름 한 점

누구를 탓할까
가야 할 길, 가야 할 이유를 몰라도 좋을
그런 길을 동행하여
다만
앞서거니 뒤서거니
우리 모두 한 곳을 향하여
가고 있을 뿐인데

아, 행복한 날에도
마음껏 웃지 못하는 까닭은
작은 풀꽃처럼 숨어서 우는
그 누가 있기 때문입니다

아, 슬픈 날에도
울음을 다 울지 못하는 까닭은
울음 속에도
아직 태어나지 않은 기쁨이
태양처럼 다시 솟을 줄
알기 때문입니다

첫눈

한영숙*

먼 생각 속에 감치던
그 사람 종일 걸어 이리로 와
한데서 우리 사이좋게
살자
하면
살까, 말까,
눈 덮인 은행나무 가지런히
울 밖에 앉아
시린 달빛 포개 놓고
쉽게 웃는
소소한 저녁

* 강원도 평창 출생

초승달

한영숙*

밤하늘 깊숙이 날선 훌치기 바늘 하나 걸려 있다

여름내
굽이굽이 그녀의 한(恨)을 풀어내고 있는
참매미떼들이
은하수 코를 쉼 없이 훌쳐매
저 하늘 구석구석 휑하니 밝히고 있다
깊은 밤 고만고만한 코(鼻)들은
정신없이 뒤척이며 방 안에서 끓어오르고,
날카로운 모서리를 관통한 속울음통은
밤마다 찬란한 은하수 다리를 수백 마일씩 놓는다
매운 각(角)에 찔린,
그녀의
절제된 졸음들이
이튿날 새벽이면 어김없이
묵은 정자나무 아래 까맣게 쌓여 있다
생과 사,
따끔한 경계를 넘나드는 이 한여름 기막힌 훌치기질
맴맴
맴

* 경북 예천 출생

가시

한이나

독으로 약이 올라 한숨이 화가 되고 한이 되어 몸이 주저앉는 깊은 병이 들거들랑 생가시 나뭇가지를 가마큰솥에 오래오래 삶아 보라 아들 먼저 앞세운 스물셋 청상 어머니의 한숨이 깊고 푸르다 누구든 그런 고질병엔 엄나무 강한 가시가 약인즉 그대여 증류된 맑은 물 같은 소주를 한 컵씩 물 마시듯 매일 마셔 보게나 세상의 가시에 찔려 죽을 만큼 아플 때는 가시나무의 가시가 약발 기가 막히게 먹혀 그대 곪은 상처 요기조기 찔러 터트려주는 명약일진대!

편지

해 림

은행나무 숲길에서 은행이
익어가는 소리에 귀 기울입니다
지난 여름내 은행나무는
산골짜기 다람쥐 노래를 부르면서
은행을 키웠습니다
노랗게 물든 은행잎을 따다
책갈피에 끼워 말리던 어린 날도
저문 숲에 붉은 노을이 되어 사라지고
시월의 마지막 밤에는
그대에게 편지를 쓰겠습니다
언젠가 그리다만 물감으로
노랗게 은행이 익었다고,
마른 은행잎도 하나 끼워놓고
그대에게 닿지 못할 편지 한 장
그리움으로 쓰겠습니다

천 년의 귀

허청미

준령을 넘어 오는 바람의 말들
넌출넌출 매달리는
당신의 귀는 천 년을 열어놓았네
당신의 입은 꿀 먹은 벙어리
영국사 부처님 법당을 걸어 나와
우뚝 선 줄 이제야 알겠네
우주가 절집이니
천태산 자락 가사장삼 두르고
목불(木佛)로 서 있는
바로 당신, 천태산 은행나무
천둥 번개 우레의 비밀(秘密)을 발설하지 않는다
발돋움을 하고 만세를 불러도
당신을 넘을 수 없는 내 작은 키
너무 멀어 들을 수 없는 녹색(綠色)의 비망록
천 년을 그랬듯이
당신의 말씀을 내려놓는 시월 상달에
노랗게 절은 경전을 들어볼 요량인데
오수(汚水)에 중독된 나의 달팽이가 걱정스럽다

그늘이라는 말

허형만

그늘이라는 말
참 듣기 좋다

그 깊고 아늑함 속에
들은 귀 천 년 내려놓고

푸른 바람으로나
그대 위해 머물고 싶은

그늘이라는 말
참 듣기 좋다

중년

홍승우

빈 술병만 즐비하면 무얼 하나
한 줄의 시도 나오지 않는 걸

책만 들고 있으면 무얼 하나
잠만 오는 걸

분홍빛 추억을 떠올리면 무얼 하나
배 나온 중년인 걸

왜 살지?

텅 빈 가슴
고여 있는 생각
묶여 있는 마음

은행나무 범종(梵鐘)

홍하표

천태산 영국사 앞뜰엔 은행나무 범종이 하나 살고 있다.
옹이로 얼룩진 아름드리 나무 등걸 속 텅 빈 가슴은
범종이 되어 부챗살 같은 잎잎들… 넉넉한 품안으로 키워내
밝은 빛, 맑은 향기로 삼십삼천(三十三天) 세계를 날아오른다.
쇠처럼 무거운 삶에 묶여 있어도 가벼운 몸피로 제 속을 비워내
넓은 가슴 속, 깊은 침묵으로 둔중한 울음을 펼쳐내 울고 있다.

머언 산을 돌아온 쑥꾹새 이 숲에서 잠들고 노래하며
모든 사람들의 저 환한 눈빛!
텅 빈 나무 등걸에서 핀 잎잎들의 종소리,
사방세계로 퍼져 날아오른다.

파리똥

홍현숙

옥상 깊은 곳
뜰보리수 열매
이웃집 담장을 넘으려다 인기척에 놀라 대롱거립니다
듬성듬성한 빈자리며 때깔이 예전과 다르지만요
과피를 덮은 흰 점들이 옛 모습 그대로네요
어린 시절 요것들을 파리똥이라 불렀지요

새큼한 듯 달콤 씁쓸한 맛
입안 가득 오래도록 텁텁합니다

담장 넘어온 이웃집 파리똥
뽀얀 손으로 한가득 따 입안에 구겨 넣고
여기까지 달려왔네요
내 주름만큼 건너온 시간의 열매
이제는
그냥
두고 보는 게
훨씬 달콤합니다

환한 구멍

황구하

천태산 은행나무 큰 덩치 하나 내려앉았다

간밤 다녀간 비와 바람의 농간이라 하지만

하루하루, 아름다운 낙지(落枝)를 위해

깊은 어둠 끌어안고

스스로 구멍을 내는데 게으름 피우지 않았다

그 공덕으로 마침내 허공이 열려

또 한 짐 부릴 수 있으니

절 한 채 떠메고 가는 비책, 저 구멍에 있다

고추

황지형

땅이 굳어버려선 혼자
융단을 깔아놓은 듯 빨간 카펫을 꿈꿀 수 없지
검은 비닐 구멍을 훑으며 모종을 심는다
등판에 줄줄 흘려가며 먹을 때와 심을 때를 놓친
잘 자란 잡초 어디 팔 때 없나
가뭄의 연속이 오기 전에 이것들이 뿌리를 내려야 한다
그러나 살충제를 뿌리지 않으면
검푸른 고추를 먹을 벌레들이 먼저 주인이 되는 것
그런데 고추를 심어놓고 물관으로 올릴 물이 없다
흩어진 머리칼처럼 흙먼지를 걷어차며
어떤 땅부자가 사 놓은 전원주택지 수도를 비틀자
금싸라기처럼 쏟아져 나오는 물줄기
물 대신 오줌을 마시는 특별한 생물처럼
고추를 심어 놓고 늘 비를 기다리던 그 여자,
땅속 음밀한 구애행각처럼
고추에 흙이 달라붙고
싱싱한 고추를 기다리는 가까운 골짜기
내가 할 수 있는 일은 고작
비닐 구멍을 뚫고 흙을 돋우어주는 일밖에 없다

석남사

황태면

복숭아 속살로
터질듯 부푼 미소
운문재 산돌림으로
시방 연한 살결 내보이며
젖어서 젖어서 연붉은
꽃빛깔로 신음하는
석남사

변신

황희순

가으내 꽃처럼 피어 있던 홍시
똥덩어리처럼 변신하여 동면에 들었다
함박눈 내리고 까치가 쪼아대도 꿈쩍 안했다

봄이 성큼 다가와 동면에 든 그를 흔들었다
아무리 흔들어도 그는 깨어나지 않았다
목 떨어져라 그 광경 지켜보다 깜빡 졸았다

조는 사이 가을 깊어져 환하게 홍시 다시 피어나고
말라비틀어진 그는 나무 아래 나뒹굴고 있었다
그가 꽃 같은 홍시였다는 걸 사람들은 다 잊었다

그를 주워 쪼글쪼글한 살속 깊이 파고들어
달콤한 동면에 들었다 똥덩어리처럼 변신했다
명년 가을쯤 나도 내가 사람이었다는 걸 잊을 수 있겠다